Reihe »Gärtnern leicht und richtig«

Balkon und Terrasse
Rosen
Gartenarbeit rund ums Jahr
Obstbäume schneiden und veredeln
Wassergärten
Gemüse
Biogarten
Gewächshäuser
Obst für kleine Gärten
1 × 1 der Zimmerpflanzenpflege
Bauerngärten
Mischkulturen
Tips und Tricks für Hobbygärtner
Palmen und Zimmerbäume
Ziergehölze
Steingärten
Gartenkräuter
Sommerblumen, Gartenstauden

Gärtnern leicht und richtig

Martin Stangl

Gartenarbeit rund ums Jahr

BLV

Die Deutsche Bibliothek –
CIP-Einheitsaufnahme

Stangl, Martin:
Gartenarbeit rund ums Jahr /
Martin Stangl. – 2., durchges. Aufl. –
München; Wien; Zürich; BLV, 1994
  (Gärtnern leicht und richtig)
  ISBN 3-405-14243-1
NE: HST

Bildnachweis:
Alle Photos vom Autor.

Umschlagentwurf:
Studio Schübel, München
Titelfotos: alle vom Autor

**BLV Verlagsgesellschaft mbH
München Wien Zürich**
80797 München

Zweite, durchgesehene Auflage

© 1994 BLV Verlagsgesellschaft mbH,
München

Das Werk einschließlich aller seiner Teile
ist urheberrechtlich geschützt. Jede Verwertung außerhalb der engen Grenzen
des Urheberrechtsgesetzes ist ohne Zustimmung des Verlags unzulässig und
strafbar. Das gilt insbesondere für Vervielfältigungen, Übersetzungen, Mikroverfilmungen und die Einspeicherung
und Verarbeitung in elektronischen
Systemen.

Lektorat: Barbara Kiesewetter
Layout: Anton Walter, Gundelfingen
Herstellung: Ernst Großkopf
Satz: Weihrauch, Würzburg
Druck: Appl, Wemding
Bindung: Auer, Donauwörth

Printed in Germany
ISBN 3-405-14243-1

INHALTSÜBERSICHT

6 Januar
Klirrende Kälte,
Eis und Schnee ——— 6
Ziergarten ——— 7
Gemüsegarten ——— 8
Obstgarten ——— 9

10 Februar
In den Bäumen
steigt der Saft ——— 10
Ziergarten ——— 11
Gemüsegarten ——— 12
Obstgarten ——— 13

INHALTSÜBERSICHT

14 März
Die ersten Frühlings-
boten sind da ——— 14
Ziergarten ——— 15
Gemüsegarten ——— 18
Obstgarten ——— 20

22 April
April, April, er weiß
nicht, was er will ——— 22
Ziergarten ——— 24
Gemüsegarten ——— 27
Obstgarten ——— 30

32 Mai
Jetzt gibt's im Garten
viel zu tun ——— 32
Ziergarten ——— 33
Gemüsegarten ——— 37
Obstgarten ——— 40

42 Juni
Juni,
der Rosenmonat ——— 42
Ziergarten ——— 43
Gemüsegarten ——— 46
Obstgarten ——— 49

52 Juli
Der Sommer auf
seinem Höhepunkt ——— 52
Ziergarten ——— 53
Gemüsegarten ——— 56
Obstgarten ——— 59

62 August
Hundstage und
erste Frühnebel ——— 62
Ziergarten ——— 63
Gemüsegarten ——— 65
Obstgarten ——— 68

70 September
Der Herbst bringt
viele schöne Tage ——— 70
Ziergarten ——— 71
Gemüsegarten ——— 73
Obstgarten ——— 76

78 Oktober
Goldene Sonne und
reiche Ernte ——— 78
Ziergarten ——— 79
Gemüsegarten ——— 82
Obstgarten ——— 86

88 November
Die letzten Blätter
fallen ——— 88
Ziergarten ——— 89
Gemüsegarten ——— 92
Obstgarten ——— 93

94 Dezember
Der Garten ruht ——— 94
Ziergarten ——— 95
Gemüsegarten ——— 96
Obstgarten ——— 97

98 Register

JANUAR

Klirrende Kälte, Eis und Schnee

Die Wintersonnenwende ist vorbei, der Tag beginnt zu wachsen. Trotzdem ist der Januar meist kälter als der Dezember. Den Pflanzen freilich kann dies nichts anhaben, wenn nur genügend Schnee liegt. Vielleicht findet an einem nicht gar so eisig kaltem Wochenende in der Nähe ein Obstbaumschnittkurs statt, bei dem wir unsere Kenntnisse auffrischen und anschließend das Gelernte im eigenen Garten anwenden können. Wo und wann solche Kurse stattfinden, kann man beim örtlichen Gartenbau-, Siedler- oder Kleingärtnerverein erfragen. Auch Volkshochschulen, Gartenämter oder Berater für Gartenbau beim Landratsamt geben gerne Auskunft. Manchmal gibt es im Januar sogar überraschend milde Tage, die dazu verlocken, im Freien zu arbeiten. Vielleicht müßte der Zaun, die Pergola oder ein Rankgerüst ausgebessert bzw. gestrichen werden? In jedem Fall sollten wir uns die Generalreinigung der Gerätehütte fest vornehmen. Eine Arbeit, an die auch ich ungern herangehe, doch wenn man sich durchge-

Eis und Schnee verzaubern den Garten

rungen hat, ist die Freude hinterher um so größer. Die Gartenarbeit ab Frühjahr macht dann doppelt Spaß, denn alle Geräte sind sauber, sie hängen oder stehen an »Ihrem Platz«. Am besten, wir räumen die Gerätehütte völlig aus, um dann anschließend die gesäuberten und instandgesetzten Gartengeräte nebst Zubehör wie Blumentöpfe, Pikierschalen, Bindematerial, Düngemittel u.a. übersichtlich und griffbereit einzuräumen.

Sollte es aber gar zu sehr stürmen und ungemütlich kalt sein, dann machen wir es uns in der warmen Stube gemütlich, denn auch hier gibt's für einen Hobbygärtner so allerlei zu tun: Beim Blättern in Gartenbüchern, Fachzeitschriften und Katalogen bekommen wir sicherlich so manche Anregung. Vorfreuden aufs neue Gartenjahr werden geweckt, denn mit Bleistift und Papier läßt sich schon jetzt eine hübsche Gartenecke oder der Anbau von Gemüse planen.

Ziergarten

Ziersträucher

Wenn sie ein Auslichten nötig haben, schneiden wir bevorzugt ältere, zu eng stehende Triebe möglichst dicht über dem Boden ab oder setzen sie auf Jungtriebe zurück. Wenn wir so vorgehen, bleibt die natürliche Strauchform erhalten. Blütenzweige, die bei dieser Arbeit abfallen, lassen sich in der Vase antreiben. Man kann also auch jetzt noch »Barbarazweige« ins Zimmer holen. Im Gegenteil, je später im Winter Zweige von Kirschen, Forsythien, Zwetschen und anderen Gehölzen geschnitten werden, desto rascher blühen sie im warmen Zimmer auf.

Hecken verjüngen

Laubgehölzhecken, die zu hoch und zu breit geworden sind, können wir jetzt bis weit ins alte Holz hinein zurückschneiden. Der Gärtner nennt dies »verjüngen«. Hainbuchen, Liguster, Kornelkirsche, Alpenjohannisbeere und andere lassen einen solchen Eingriff willig mit sich geschehen und treiben im Frühjahr aus dem verbliebenen alten Holz kräftig aus.

Wertvolle Bäume und Sträucher bei starkem Schneefall abschütteln. Andernfalls können Äste abbrechen. Bereits abgeschlitzte Äste und Zweige binden wir sofort fest und verstreichen die Wunde außen mit einem Wundverschlußmittel.
Kleinere Gehölze, vor allem im Bereich von Dachlawinen mit zeltartigen Stangen u.ä., sowie Drahtgeflecht und Fichtenzweigen, gegen Schneedruck schützen.

Überwinterungsraum durchsehen

Im Spätherbst eingewinterte Dahlien, Knollenbegonien, Geranien, Fuchsien und Kübelpflanzen gelegentlich durchkontrollieren und dabei Fäulnis- oder Schimmelherde entfernen. Balkon- und Kübelpflanzen brauchen jetzt nur wenig Wasser, sie dürfen aber auf keinen Fall völlig austrocknen. Deshalb bei Bedarf leicht gießen!

Knollen müssen während der Überwinterung luftig und trocken lagern

JANUAR

Wasserbecken

Fische im Gartenteich brauchen Sauerstoff, ebenso müssen Faulgase entweichen können. Deshalb rechtzeitig ein Büschel Schilfrohr oder einen Strohballen ins Wasser stellen bzw. eine kleine Stelle mit einer Styroporplatte gegen Zufrieren schützen. Mittels Eisfreihalter, wie sie in Garten-Centern angeboten werden, kommt genügend Sauerstoff in den Gartenteich und die Faulgase können abziehen.

Weitere Arbeiten:
Hecken entlang von Straßen mit vorgestellten Strohmatten vor Salzschäden schützen – Winterfütterung der Singvögel bei Eis und Schnee fortsetzen – Rasenmäher bereits jetzt überholen lassen, da im Frühjahr die Wartezeiten meist lang sind; das Messer sollte in jedem Fall geschliffen werden.

Eine wichtige Arbeit: Ordnung im Geräteraum schaffen

Gemüsegarten

Gartengeräte durchsehen
Dabei abgebrochene Stiele ersetzen und den angesetzten Rost entfernen. Anschließend alle Eisenteile mit einem ölgetränkten Lappen einreiben und die Geräte übersichtlich in die Hütte hängen.

Gewürzkräuter antreiben
Schnittlauchstöcke im Garten ausgraben, Erde abschütteln, einige Tage bei Kälte im Freien liegen lassen, Wurzelwerk mit dem Messer verkleinern und mit wenig Erde eintopfen. Dann zusammen mit bereits im Herbst eingetopften und bis jetzt licht und kühl gestellten Petersilienwurzeln am Zimmerfenster zum Treiben aufstellen; dabei reichlich gießen. Gartenkresse in Saatkistchen aussäen beziehungsweise im Garten-Center erhältliche Packungen mit Frischkeimkresse verwenden.

Anbauplan erstellen

Auf ein Blatt Papier die Gartenbeete aufzeichnen und in jedes »Papierbeet« die geplante Haupt-Vor- und eventuell Nachkultur eintragen, einschließlich Saat-bzw. Pflanztermine, benötigte Pflanzenzahl u.ä. Dabei darauf achten, daß die Hauptkulturen (z.B. Kohlarten, Möhren, Bohnen, Gurken u.a.) auf ein anderes Beet als im letzten Jahr kommen (Fruchtwechsel!), außerdem die Erfahrungen des letzten Jahres berücksichtigen: Von Gemüsearten, die zu reichlich vorhanden waren, weniger einplanen und umgekehrt.

Weitere Arbeiten:
An einem milden Tag die Miete bzw. das Frühbeet öffnen und eingelagertes Gemüse für die nächsten Wochen entnehmen; Miete wieder schließen – Von älteren noch vorrätigen Sämereien Keimproben machen – Frühbeetfenster und Folienzelte reparieren – Sämereien und Gartenzubehör bestellen.

JANUAR

Obstgarten

Obstbäume schneiden
Ältere Obstbäume auslichten; dabei vorrangig kranke, dürre und zu dicht stehende Äste herausschneiden. Wenn die Krone anschließend so licht ist, daß man einen Hut hindurchwerfen oder daß ein Vogel durchfliegen kann, war die Arbeit richtig. Alte, vergreiste Bäume, die zu kleine Früchte bringen, verjüngen, d.h. kräftig ins alte Holz hinein zurückschneiden.

Umveredlungen vorbereiten
Baumkrone erst auslichten, so daß außer dem Stamm nur wenige Leitäste verbleiben; dann gesamte Krone um etwa zwei Drittel einkürzen. Nach dem »Abwerfen«, wie der Fachausdruck für diese Arbeit heißt, sollen die stärkeren Äste nur noch 1–1,50 m lang sein, bei sehr jungen Bäumen oder Spindelbüschen sogar wesentlich kürzer. Darauf achten, daß einige Zugäste verbleiben und die Krone ein dachförmiges Aussehen hat. Ein Umveredeln lohnt sich bei wüchsigen Bäumen, die schlecht tragen oder deren Sorte nicht befriedigt, sei es geschmacklich oder weil sie stark krankheitsanfällig ist. Edelreiser jetzt schneiden und im kühlen Keller oder an der Nordseite des Hauses so einschlagen, daß die untere Hälfte der Reiser in Erde oder leicht feuchtem Sand steckt. Die Reiser sollten an der Sonnenseite des Mutterbaumes geschnitten werden.

Vorbeugender Pflanzenschutz: Fruchtmumien beim Obstbaumschnitt entfernen

Weitere Arbeiten:
Wenn kein Schnee liegt, Beerensträucher kräftig auslichten, sofern dies nicht bereits im Herbst geschehen ist. – Bei den Schnittarbeiten mehltaubefallene Triebe bei Apfel, Stachelbeere und Schwarzer Johannisbeere entfernen und in die Mülltonne geben; das gleiche gilt für Fruchtmumien, also an den Bäumen verbliebene, eingetrocknete Früchte. – Wenn Wildschäden zu befürchten sind, die Stämme junger Bäume mit einer Drahthose oder Kunststoffspirale umgeben; abgeschnittene Äste liegenlassen, damit sich ein eingedrungener Hase erst darüber hermacht. – Obstlager durchsehen und faule Früchte entfernen; bei frostfreiem Wetter lüften. – Winterfütterung der Vögel (Fettfuttergemische) fortsetzen. – Absterbende Bäume oder schlechte Träger roden, es sei denn, letztere eignen sich zum Umveredeln. – Baumstämme kalken, mit einem im Handel erhältlichen Stammanstrich schützen oder an der Südseite ein Brett davorstellen.

FEBRUAR

In den Bäumen steigt der Saft

In der zentralgeheizten Wohnung können wir uns kaum mehr vorstellen, wie sich unsere Vorfahren im Februar auf die höhersteigende Sonne, die ersten warmen Tage und das neu erwachende Leben gefreut haben. Wen wundert's, daß sie den lebensfeindlichen Winter mit furchterregenden Masken und einem Höllenlärm für immer vertreiben wollten, um so der Sonne zum Durchbruch zu verhelfen.

Daneben gibt es im Februar mehrere Lostage für Bauern und Gärtner: Am 2. Februar, Mariä Lichtmeß, an dem früher das bäuerliche Jahr begann und die Dienstboten wechselten. Von jetzt ab beginnt auch der Saft in den Obstbäumen zu steigen, was für verschiedene obstbauliche Arbeiten wichtig zu wissen ist. Und wer kennt nicht die alte Bauernregel: »Wenn's an Lichtmeß stürmt und schneit, ist der Frühling nicht mehr weit. Ist es aber klar und hell, kommt der Frühling nicht so schnell.« Oder: »Lieber den Wolf in den Stall hinein, als zu Lichtmeß Sonnenschein.« Mit anderen Worten: Anfang Februar soll der Winter noch voll da sein. Andernfalls müssen wir – und die Pflanzen – dies mit Eis und Schnee büßen. Schließlich noch ein wichtiger Lostag: Matthias, am 24. Februar, mit der bekannten Wetterregel: »Mattheis bricht's Eis! Hat er keins, so macht er eins!«. Im Idealfall deckt jetzt Schnee die Staudenpflanzung und andere Kulturen zu. Doch unter der Schneedecke regt sich bereits neues Leben. Wenn dann gegen Ende Februar die Sonnenstrahlen kräftiger werden und der Schnee an der Südseite des Hauses schmilzt, dann sind sie im Nu da, die ersten Frühlingsblüher: Winterlinge, Schneeglöckchen und Wildkrokus. Auch die Schneeheide öffnet in geschützten Lagen ihre rosaroten Blüten und es sieht hübsch aus, wenn dazwischen weiße Schneeglöckchen und lilafarbene Krokusse eingestreut sind. Zwei Monate später würden wir sie kaum noch beachten, diese Bescheidenen unter den Stauden, jetzt aber freuen wir uns über jede Blüte.

FEBRUAR

Ziergarten

Überhang beseitigen
Zweige oder Hecken, die auf das Nachbargrundstück hinüberwachsen, kräftig zurückschneiden, es sei denn, der Nachbar liebt es »romantisch« und hat nichts dagegen. Beim Rückschnitt sollte man großzügig sein, damit der Neutrieb nicht gleich wieder überhängt. So bleibt ein gut nachbarschaftliches Verhältnis erhalten.

Reparaturen vornehmen
An einem sonnigen, warmen Tag bietet es sich an, Zäune, Pergolen oder Rankgerüste auszubessern und mit einem Holzschutzmittel zu streichen. Wenn dann die in der Nähe befindlichen Pflanzen austreiben, besteht kaum mehr die Gefahr einer Schädigung.

Rosenbeet erneuern
Soll ein lückig gewordenes Rosenbeet, auf dem schon länger als zehn Jahre Rosen gestanden haben, erneut bepflanzt werden, kann man bereits in der arbeitsarmen Zeit den Boden bis auf 40 cm Tiefe austauschen. Andernfalls könnte das Wachstum infolge von Bodenmüdigkeit enttäuschen. Eine andere Möglichkeit: Mindestens 2–3 Jahre lang Ringelblumen oder ähnliches ansäen, damit sich der Boden regeneriert.

Weitere Arbeiten:
Stellen, an denen der Schnee zuerst schmilzt, vormerken. Dort im Herbst bevorzugt frühblühende Kleinblumenzwiebeln wie Schneeglöckchen, Winterlinge und Wildkrokusse pflanzen. Stämme wertvoller, freistehender Bäume gegen Sonne schützen, am einfachsten ist es, an der Südseite ein Brett davorstellen. – Im Herbst gepflanzte Stauden bei wärmerem, sonnigem Wetter durchsehen und vom Frost hochgehobene Pflanzen andrücken, damit sie nicht vertrocknen. – Rasenmäher überholen, beziehungsweise reparieren und Messer schleifen lassen. – Laubgehölze, Hecken und Rosen pflanzen, sobald der Boden frostfrei und etwas abgetrocknet ist. – Pflanzen, Gartenplatten und anderes Zubehör bereits jetzt bestellen, wenn im Frühjahr ein Gartenteil umgestaltet werden soll. – Ziersträucher auslichten, Hecken verjüngen und andere im Januar nicht erledigte Arbeiten fortsetzen.

Laubgehölzhecken können auch jetzt noch verjüngt werden. Einzelheiten siehe »Januar«

Die Zaubernuß (Hamamelis) blüht trotz Eis und Schnee

FEBRUAR

Gemüsegarten

Anbauplan erstellen
Bei jedem »Papierbeet« die beabsichtigte Vor-, Haupt- und evtl. Nachkultur eintragen; ebenso mögliche Zwischenkulturen vermerken. Dabei die Erfahrungen des letzten Jahres berücksichtigen und möglichst auf Fruchtwechsel achten.

Keimproben durchführen
Auf diese Weise läßt sich feststellen, ob vorhandener Samen noch genügend keimfähig ist. Dazu je nach Samengröße etwa 10–30 Samenkörner auf angefeuchtetem, saugfähigem Papier – Toiletten-Papier genügt – auslegen, Schalen mit Glasscheibe oder Folie abdecken und ins warme Zimmer stellen. Durch Auszählen läßt sich die prozentuale Keimfähigkeit feststellen. Von Samen, der nur noch zu 40% keimt, muß mindestens die doppelte Menge wie normal ausgesät werden, da die Wachstumsbedingungen im Freien ungünstiger sind als im Zimmer. Bei einer Keimfähigkeit von nur noch 20% sollte man den Samen nicht mehr verwenden, bei nur 10%, Samen in jedem Fall wegwerfen.

Frühbeet anlegen
Wenn der Kasten mit Pferdemist oder Ersatzstoffen »gepackt« wird, können ab Ende Februar die ersten Aussaaten vorgenommen, beziehungsweise Salat, Kohlrabi und Rettiche gepflanzt werden. Andernfalls Frühgemüsearten am Zimmerfenster aussäen und erst, wenn es etwas wärmer geworden ist, also gegen Anfang März, ins Frühbeet oder Kleingewächshaus pikieren.

Rhabarberernte verfrühen
Dazu Schnee wegräumen und über jede Pflanze eine Kiste oder Tonne stülpen; außen herum mit Pferdemist abdecken. Eine andere Möglichkeit: »Wachsende« Folie über die Stöcke breiten; reichlich bemessen, da die Rhabarberstiele gut kniehoch werden. Folie an den Seiten eingraben oder mit Steinen o.ä. beschweren.

Weitere Arbeiten:
Gemüsesämereien im Fachgeschäft kaufen beziehungsweise bestellen und auf der Tüte das Jahr des Kaufs vermerken, soweit dort nicht das Verfallsjahr angegeben ist. – Im Kleingewächshaus ab Monatsende säen und pflanzen, sofern dieses heizbar ist.

Bereits ab Mitte Februar kann das Frühbeet mit wärmendem Mist gepackt werden

FEBRUAR

Obstgarten

Beerensträucher schneiden
Johannis- und Stachelbeeren treiben früh aus, deshalb Sträucher und Hochstämmchen spätestens zu Monatsbeginn schneiden beziehungsweise auslichten. Ein Johannisbeerstrauch soll danach nicht mehr als 8–12 kräftige, gut verteilte Triebe besitzen, die durchaus bis etwa fünf Jahre alt werden dürfen. Dies gilt für Rote und Weiße Johannisbeeren, während bei Schwarzen Johannisbeeren die alten, dunklen Triebe auf heller gefärbte Jungtriebe zurückgesetzt werden; diese bringen den besten Ertrag. Bei Stachelbeeren bleiben bevorzugt ein- und zweijährige Triebe im Strauch oder in der Hochstammkrone. Lichte Sträucher, leiden weniger unter Befall durch Pilzkrankheiten, sie bleiben gesünder.

Obstbäume schneiden
Auslichten der älteren Bäume fortsetzen. Ab jetzt auch neugepflanzte und jüngere Bäume schneiden. Wichtig: Beim Pflanz- und darauffolgenden Erziehungsschnitt darauf achten, daß die Baumkronen nur mit wenigen kräftigen Leitästen – drei genügen – und einigen locker gestreuten Seitenästen aufgebaut werden. Lichte Kronen fördern die Obstqualität und verringern den Krankheitsbefall.

Knospenfraß verhindern
Die Knospen von Johannisbeeren werden vielfach von Grünfinken, Spatzen und Dompfaffen ausgefressen. Abhilfe: Schutz durch Netze oder die Sträucher mit einer Lösung, bestehend aus 10 Liter Wasser, 150 g Branntkalk und Wasserglaslösung spritzen; zuerst den Kalk im Wasser verrühren, dann die 5%ige Wasserglaslösung zugeben.

Weitere Arbeiten:
Schnittarbeiten nicht bei Temperaturen unter −5°C durchführen. – Baumstämme gegen

Ein Kalkanstrich schützt Obstbäume gegen Frostrisse und Frostplatten

Frostschäden schützen: Stamm kalken; zur besseren Haftfähigkeit der Kalkbrühe etwas Tapetenkleister oder 3% Wasserglas zusetzen bzw. die im Handel erhältliche fertige Kalkbrühe verwenden. – Sägewunden, die größer als ein 5-Mark-Stück sind, mit Wundverschlußmittel verstreichen.

MÄRZ

Die ersten Frühlingsboten sind da

Aus ist es mit dem Winterschlaf! Das gilt für den Garten ebenso wie für uns. Doch so erholsam die Pause auch war, jetzt können wir es kaum noch erwarten mit dem Graben, Säen und Pflanzen zu beginnen. In den zurückliegenden Wochen haben wir überwiegend in Büchern, Zeitschriften und Katalogen »gegärtnert«, haben geplant und Bestellungen aufgegeben. Jetzt aber geht's wieder richtig an die Arbeit, und das macht noch viel mehr Spaß, vor allem, wenn die Sonne kräftig vom blauen Märzenhimmel scheint. Nach langjährigen Beobachtungen können wir im März, so um Josefi herum (19. März), mit einer länger anhaltenden Schönwetterperiode rechnen. Die Erde riecht bereits nach Frühling und aus dem Garten leuchten uns die ersten Farbtupfer entgegen. Nach den Schneeglöckchen, Winterlingen und bunten Krokusblüten sind es vor allem drei Arten von Kleinblumenzwiebeln, über deren recht unterschiedliches Blau wir uns im März-Garten freuen. Wenn wir sie in Ruhe lassen, breiten sie sich immer mehr aus und das Blühen verstärkt sich von Jahr zu Jahr.

Da ist einmal der Schneeglanz *(Chionodoxa luciliae)* in blassem Blau mit einem weißen »Auge« in der Mitte. Bei der Puschkinie *(Puschkinia scilloides)*, einem anderen kleinen Zwiebelgewächs, das im März/April blüht, sind die Blüten von einem porzellanartigen Hellblau. Schließlich noch das Blausternchen *(Scilla sibirica)*, das gruppenweise in voller Sonne stehen sollte, weil erst dann das Blau klar und strahlend wirkt. All diese Kleinzwiebelgewächse fühlen sich im Bereich von Sträuchern wohl, wo sie verblühen, bevor sich das grüne Laubdach über sie breitet.

Schneeglöckchen und Winterlinge unter Haselsträuchern

MÄRZ

Freilich, die herrlichen Frühlingstage, an denen auch die ersten Veilchen und zierliche rosafarbene Primeln *(Primula rosea)* inmitten von dürrem Herbstlaub zu blühen beginnen, dauern nicht allzu lange. Oft kehrt der Winter zurück und »überschattet« unsere Arbeit bis in den launischen April hinein. Doch das soll uns nicht schrekken, denn im Kalender steht es schwarz auf weiß: Am 21. März ist Frühlingsanfang!

Ziergarten

Rosen pflanzen
Sobald der Boden einigermaßen abgetrocknet ist, kann gepflanzt werden, möglichst auf einem freien, sonnigen Platz und in lehmigen, gut mit Humus versorgtem Boden. Rosen aus dem Einschlag einer Baumschule oder aus dem Kühlhaus einer Rosenfirma, sollen möglichst rasch in die Erde kommen. Vorher, vor allem wenn sie von auswärts bezogen wurden, die Rosen einen Tag lang ins Wasser stellen, damit sie sich vollsaugen können. Zu lange Wurzeln einkürzen, damit sie im Pflanzloch nicht umgebogen werden. Die Veredlungsstelle soll nach dem Pflanzen zwei- bis vierfingerbreit in der Erde sein; dies ist der beste Schutz gegen winterliche Kälte. Dann die Triebe bis auf zwei bis drei Augen zurückschneiden und anschließend die Pflanzen für einige Wochen anhäufeln.

Rosen pflegen
Sobald die Beetrosen zu treiben beginnen, d.h. wenn die Augen (Knospen) anschwellen und sich rötlich färben, werden die Pflanzen abgehäufelt und gedüngt. Vorher das Deckreisig abnehmen, sofern vor Wintereintritt Fichtenzweige aufgebracht wurden. Als Dünger verwendet man mineralische Blau-Volldünger oder organisch-mineralische Volldünger, Menge nach Gebrauchsanweisung auf der Packung. Dann kräftige Triebe auf etwa 4–6 Augen, schwächere auf 3–4 Augen zurückschneiden.
Bei besonders starkwüchsigen Sorten oder wenn sich einzelne Rosen in einer Staudenpflan-

Beetrosen abhäufeln, zurückschneiden und düngen: Ende März bis Mitte April

zung befinden, können einige Augen mehr verbleiben, d.h. es braucht dann nicht so stark zurückgeschnitten werden. Dabei braucht man nicht ängstlich die Augen abzählen, wir schneiden vielmehr auf ein kräftig austreibendes Auge im genannten Bereich zurück. Edelrosen und Zwergrosen werden ähnlich behandelt, während wir bei Kletterrosen alle erfrorenen oder abgestorbenen Triebe wegschneiden, sowie die überalterten, deren Blühfähigkeit nachläßt; einjährige, lange Trie-

MÄRZ

be verbleiben, weil sie der Verjüngung dienen.
Bei Hochstammrosen erfolgt der Rückschnitt nicht ganz so stark wie bei Beet- und Edelrosen, wobei vor allem auf eine gute Kronenform zu achten ist, Trauerrosen behandelt man ähnlich wie Kletterrosen.

Gehölze pflanzen und pflegen

Sobald der Boden nicht mehr schmiert, kann gepflanzt werden. Je eher, desto kräftiger treiben die Gehölze im Mai aus. Sträucher ohne Ballen, auch wenn sie bereits im Herbst gepflanzt wurden, etwa bis zur Hälfte zurückschneiden bzw. schwache Triebe ganz entfernen.

Stauden pflanzen und pflegen

Vor einer Neupflanzung die Fläche gründlich vorbereiten, vor allem eventuell im Boden befindliche Dauerunkräuter wie Quecke, Giersch, Ackerwinde u.ä. entfernen und den Boden mit Kompost verbessern.

Bei Stauden, die bereits im Herbst gepflanzt wurden, nachsehen, ob nicht verschiedene Pflanzen durch Frost gehoben wurden. Solche hochgefrorenen Stauden andrücken, damit die Wurzeln wieder Verbindung mit der Erde bekommen.

Staudenreste vom vergangenen Herbst dicht über dem Boden abschneiden, ebenso die inzwischen dürr gewordenen Ziergräser. Arten die auch den Winter über grün bleiben, wie Blauschwingel *(Festuca glauca)*, Bärenfellschwingel *(Festuca scoparia)* werden dagegen nur »ausgekämmt«, d.h. wir entfernen nur die unansehnlich gewordenen Teile.

Herbstblühende Beetstauden wie Herbstaster, Sonnenbraut *(Helenium)*, Sonnenhut *(Rudbeckia)*, und ausdauernde Sonnenblumen *(Helianthus)* können jetzt geteilt und die etwa faustgroßen Teilstücke neu aufgepflanzt werden. Auch für Ziergräser und die im Sommer blühende Indianernessel *(Monarda)* ist jetzt die beste Zeit, um sie zu teilen. Auf Wildstaudenpflanzungen, also vor allem im etwas schattigen Bereich, bleibt das im Herbst von den Bäumen gefallene Laub liegen. Es verrottet rasch und wird zu Humus. Das gleiche gilt für Laub unter Bäumen und Sträuchern. Lediglich die Rasenfläche halten wir frei von Laub.

Sommerblumen aussäen

Arten, die etwas länger zur Entwicklung brauchen, sollten bald gesät werden: Löwenmaul, Verbenen, Einjahresphlox, Chinesernelken, Gazanien, Salbei *(Salvia farinacea)* Mignondahlien und viele andere. Als Substrat hat sich krankheits- und unkrautfreie Aussaaterde bewährt, wie sie von verschiedenen Firmen in Plastiksäcken angeboten wird. Es kann ins Frühbeet oder Gewächshaus gesät werden oder aber in eine Saatschale auf dem Fensterbrett; ins Frühbeet pikieren, wenn sich nach den Keimblättern das erste Laubblatt zu entwickeln beginnt. Für viel Licht sorgen, also die Saatschale dicht ans Fenster rücken, und für einen warmen »Fuß«, d.h. Bodenwärme von unten.

Sommerblumen mit längerer Vorkultur jetzt aussäen

MÄRZ

Bei Wühlmausgefahr können Lilienzwiebeln in Gitter-Container gepflanzt und im Boden eingesenkt werden

Lilien pflanzen
Sie wachsen am besten an sonniger bis halbschattiger Stelle. Boden: humusreich, leicht sauer, durchlässig. Schweren Boden beispielsweise mit Perlit vermischen. Pflanztiefe 15–20 cm, also etwa dreimal so tief als die Zwiebel hoch ist. Die Zwiebeln dürfen nicht austrocknen, deshalb gleich nach Bezug pflanzen. Dies kann auch in Containern geschehen. Wir können dann - ähnlich wie bei Tulpen empfohlen – die blühenden Container an einen schattigen Hauseingang stellen und danach an einem abseits gelegenen Gartenplatz unterbringen.

Tulpen düngen
Auch zwischen großblumigen Narzissen und Hyazinthen einen Blau-Volldünger o.ä. ausstreuen und leicht einhacken. Nichts in Blattscheiden bringen, da Verbrennungsgefahr.

Knollenbegonien antreiben
Mitte März die Knollen, Wölbung nach oben, in eine Flachsteige mit Torf legen und in einen warmen Raum stellen. Sobald die jungen Triebe zu sehen sind, erstmals gießen. Sind sie fingerhoch, Pflanzen eintopfen, hell stellen und regelmäßig gießen. Ähnlich kann Indisches Blumenrohr (Canna) angetrieben werden.

Rasen und Blumenwiese
Rasen lüften, d.h. mit dem Eisenrechen kräftig ausrechen oder – noch besser – vertikutieren und düngen. Wer sich mit Düngemittel nicht so genau auskennt, verwendet am besten einen speziellen Rasendünger und richtet sich nach der auf der Packung angegebenen Menge. Stickstoffdünger dagegen nur in geringer Menge (20 g/m^2) und besser öfter anwenden, damit die Nährstoffe dem Rasen zugute kommen und nicht ins Grundwasser ausgewaschen werden. Eine Blumenwiese wird lediglich ausgerecht, aber nicht gedüngt, damit der Boden mager bleibt.

MÄRZ

Gemüsegarten

Jungpflanzen heranziehen
Dies geschieht meist im Frühbeet oder Kleingewächshaus. Wer keinen mit Pferdemist gepackten warmen Frühbeetkasten beziehungsweise kein heizbares Gewächshaus hat, sät besser am Zimmerfenster aus und pikiert die jungen Pflänzchen erst, nachdem sich das erste Laubblatt entwickelt hat, unter Glas oder Folie. Etwa ab März können wir die Pflanzenanzucht kostensparend im Kleingewächshaus fortsetzen, wenn für kalte Nächte eine elektrische Heizung (Lufterhitzer) mit Thermostat vorhanden ist, die bei Unterschreiten der gewünschten Mindesttemperatur – etwa +8°C – selbsttätig einschaltet.

Auspflanzen unter Glas oder Folie
Gegen Monatsmitte können wir im nicht heizbaren Kleingewächshaus (Glas oder Folie), im kalten Frühbeetkasten, unter einem Folientunnel oder unter »wachsender« Folie den ersten Kopfsalat, Kohlrabi und Rettiche pflanzen sowie Radieschen, Gartenkresse und Schnittsalat säen. In kalten Nächten die Kulturen mit Zeitungspapier oder Vlies bedecken!

»Wachsende« Folie: Der Salat auf beiden Beeten wurde am gleichen Tag gepflanzt

> Besser mehr als zu wenig lüften, damit die Pflanzen kompakt und gesund heranwachsen.
> An sonnigen Tagen sollte es unter Glas oder Folie nicht wärmer als 22–25°C werden, nachts und an trüben Tagen darf es kühler sein, da sonst die Pflanzen vergeilen.

Gießen nur, wenn dies nötig ist. Meist ist dies im März erst nach 5 oder gar 8 Tagen der Fall. Wenn gegossen wird, dann gründlich und in den frühen Vormittagsstunden eines sonnigen Tages, damit die Pflanzen bis zum Abend wieder trocken sind; andernfalls würden sie allzuleicht von Pilzkrankheiten befallen.
Bei bewölktem Himmel besser nicht gießen. Kopfsalat nicht überbrausen, sondern mit der Kanne zwischen den Pflanzen gießen, damit die Blätter möglichst trocken bleiben.

Tomaten aussäen
Es genügt, wenn Tomaten, Paprika und Auberginen gegen Monatsmitte ausgesät werden. Wenn kein warmes Frühbeet oder Glashaus vorhanden ist, geschieht dies besser am Zimmerfenster. Besonders rasch keimen die Samen, wenn wir die Saatschale auf den Heizkörper stellen und mit Schlitzfolie, auch als »wachsende« Folie bekannt, bedecken. Sobald die

Spinat kann ab Ende März ausgesät werden. Reihenabstand: 20–25 cm

MÄRZ

ersten Keimlinge sichtbar werden, Saatschale dicht ans Fenster rücken, damit die Pflänzchen kurz und gedrungen heranwachsen. Nachdem die Sämlinge zwei Keimblätter voll ausgebildet haben, in 10-cm-Töpfe pflanzen und im Frühbeet einsenken.

Frühkartoffeln vorkeimen
Dabei sollen sich kurze, gedrungene und kräftige Lichtkeime von etwa 2 cm Länge bilden. Um dies zu erreichen, legt man die Knollen nebeneinander in Steigen und stellt diese in einem temperierten Raum bei 12–15°C luftig und hell auf. An schönen Tagen können wir die Steigen ins Freie oder auf den Balkon stellen; das härtet ab und verhindert Schäden. Durch Vorkeimen kann die Ernte um mehr als 14 Tage verfrüht werden, zudem kann man durch diesen Trick außerdem mit Mehrerträgen von 10–20% rechnen.

Zum Vorkeimen jetzt Frühkartoffeln in Flachsteige legen und luftig aufstellen

Boden vorbereiten
Sobald der Boden im Freien oberflächlich abgetrocknet ist, können die Beete mit dem Krail gelockert und saat- beziehungsweise pflanzfertig hergerichtet werden. Dies ist in den meisten Gegenden frühestens Ende März, meist erst im April der Fall. Einzelheiten hierzu siehe unter »April«.

Erste Aussaaten
Ab Monatsende bei abgetrocknetem Boden Petersilie, Möhren, Pastinaken, Spinat, Schwarzwurzeln, Zwiebeln, Erbsen und Radieschen säen sowie Schalotten stecken.

Petersilie verfrühen
Es dauert 3–4 Wochen bis der Samen bei Aussaat im März/April keimt. Wer früher frisches Petersiliengrün haben möchte: Anfang März in Topf oder Schale aussäen und im April, wenn die Pflänzchen gut zu fassen sind, in Reihen von 20 cm Abstand auf das Beet auspflanzen.

Ernteverfrühung
Wenn wir frühe Aussaaten mit »wachsender« Schlitz- oder Lochfolie bedecken, bringt dies einen Wachstumsvorsprung von zwei Wochen. Solche flach aufliegende Folien seitlich etwas eingraben oder mit Steinen beschweren, damit sie beim nächsten stärkeren Wind nicht fortgetragen werden.

Aussaat von Tomaten und Paprika gegen Mitte März

MÄRZ

Obstgarten

Obstbaumschnitt
Auslichten oder Verjüngen älterer Bäume allmählich beenden. Neu gepflanzte oder im Aufbau befindliche Obstbäume können wir noch den ganzen März hindurch schneiden. Der Pflanz- und Erziehungsschnitt ist besonders wichtig, weil wir damit von vornherein eine lichte Krone erzielen und uns ein späteres Auslichten mit der Säge weitgehend ersparen können.

Obstbäume pflanzen
Da Obstbäume lange Jahre am gleichen Platz bleiben, kann die Bodenvorbereitung gar nicht gründlich genug erfolgen. Bei Halb- und Hochstämmen sollte die Pflanzgrube mindestens 1,20 × 1,20 m und 0,40 m tief ausgehoben werden, während bei Spindelbüschen ein 1,50–2 m breiter Pflanzstreifen etwa 0,40 m tief bearbeitet wird. Wer diese Arbeit jetzt nicht mehr schafft, sollte mit der Pflanzung besser bis zum Herbst warten, bevor er die Bäume in ein schnell ausgehobenes Loch stopft, an dessen feste Erdwand die Wurzeln bald wie an einen Blumentopf anstoßen. Übrigens, im zeitigen Frühjahr ist die beste Pflanzzeit für Pfirsich, Aprikose, Walnuß, Weinrebe, Brombeere und Kiwi. Die drei letzteren mit Topfballen kaufen.

Bezug der Pflanzware
Obstbäume und Beerensträucher nur in einer Markenbaumschule oder einem seriösen Garten-Center kaufen! Für Halb- und Hochstämme alte Sorten bevorzugen, die robust und wenig krankheitsanfällig (Schorf!) sind. Wenn gewünschte Sorten nicht mehr vorrätig, dann besser bis zur Pflanzsaison im Herbst warten.

Beerensträucher wurzeln flach; deshalb Boden nur flach lockern. Kein Spaten!

An Spalierbäume denken. So manche kahle Hauswand könnte durch einen Spalierbaum belebt werden, der zudem besonders gut entwickelte Früchte bringt. Jetzt ist auch hierfür Pflanzzeit. Die Ansicht, daß dadurch die Hauswand feucht werden könnte, trifft nicht zu, im Gegenteil, die Wurzeln eines solchen Baumes saugen sogar Wasser weg.

Zwetschenbaum nach dem Erziehungsschnitt (2. Standjahr)

MÄRZ

Humus ist die Grundlage jeder Düngung. Hier: Ausbringen von Stallmist und Kompost unter Spindelbüschen

Obstbäume düngen
Dies kann mit mineralischen oder organischen Düngemitteln geschehen, wobei sich die Höhe der Düngergabe nach den Ergebnissen einer im Herbst vorgenommenen Bodenuntersuchung richten soll. Zeigen die Bäume kräftigen Neutrieb und bringen sie genügend Ertrag, kann auf eine Düngung verzichtet werden. Es genügt dann, Kompost oder verrotteten Stallmist zu geben, damit der Boden lebendig bleibt.

Beerensträucher pflanzen
Da Johannis- und Stachelbeersträucher früh austreiben, möglichst bald pflanzen. Ausreichende Abstände einhalten, damit sich die Sträucher voll entwickeln können. Stachelbeeren pflanzt man am besten als Hochstämmchen. Wir können dann im Vorbeigehen naschen, zudem kann das Beet unter den Hochstämmchen anderweitig genutzt werden.

Frostschutz überprüfen
Den Kalkanstrich an den Baumstämmen erneuern beziehungsweise ein schattenspendendes Brett vor die Südseite stellen. Gerade jetzt hat die Sonne untertags bereits viel Kraft, während in klaren Frostnächten noch tiefe Temperaturen auftreten können. Dadurch gibt es Spannungen in der Rinde und als Folge davon Frostrisse oder gar Frostplatten.

Weinreben schneiden
Dies sollte bereits zu Monatsbeginn erfolgen, da sonst die Weinstöcke allzusehr in Saft kommen und die Wunden nach zu spätem Schnitt »bluten«. Im Gegensatz zum sonstigen Obstbaumschnitt, bleibt oberhalb der Knospe, auf die zurückgeschnitten wird, ein Stückchen Holz, ein »Zapfen«, stehen.

APRIL

April, April, er weiß nicht was er will

Der April steht im Verruf, recht launisch zu sein und jeder Hobbygärtner, der ein Frühbeet besitzt, weiß ein Lied davon zu singen. Da heißt es »lüften« und bald darauf wieder »ablüften«, und das gleich mehrmals am Tag. Einmal scheint die Sonne und im Frühbeet wird es wärmer als es die zarten Pflanzen vertragen können. Bald darauf wieder ziehen dunkle Wolken auf, Graupelschauer prasseln nieder oder Schneegestöber verfinstert den Tag. Der Gärtner ist ständig auf dem Sprung – es sei denn, er besitzt ein selbstlüftbares Frühbeet oder Kleingewächshaus.

Der April hat aber nicht nur schlechte Seiten. Häufig bringt er uns den ersten warmen Regen. Im Garten beginnt es dann zu grünen und zu sprießen, und die ersten Gemüsepflanzen, die vor kurzem noch unter nächtlichen Kälteschocks gelitten haben, stehen pötzlich wie neugeboren da, sie »schieben los«. Bäume und Sträucher »schlagen aus«, über Nacht ist es Frühling geworden.

»Ja, mit dem Wetter verhält es sich wie mit abstrakten Bildern: dem einen regen sie die Galle an, dem anderen die Fantasie. Der Gärtner gehört zu den anderen, wenigstens, was das

APRIL

Wetter angeht...« meinte der Schweizer Schriftsteller Richard Katz einmal. Andere ärgern sich vielleicht über den Regen, wir freuen uns, erleben, wie solch ein langsam und anhaltend die Erde durchdringender milder Aprilregen den Garten befruchtet.

Und auf noch etwas dürfen wir uns im April meistens freuen: aufs Osterfest. Da können wir dann mehrere Tage lang draußen in der Natur oder im eigenen Garten einmal ganz »Mensch sein«. In einer Ecke blühen vielleicht die ersten orangeroten frühen Tulpen zusammen mit cremefarbenen Narzissen und hellblauen Kaukasus-Vergißmeinnicht. Farne entrollen ihre Wedel und in pastellfarbenen Tönen blühen niedrige Primeln, anzusehen wie ein Nest voller bunter Ostereier. Bereits von Ferne fällt das Goldgelb der Forsythien ins Auge, das sich noch steigern läßt, wenn wir blaublühende Kleinblumenzwiebeln unter die Sträucher pflanzen: Blausternchen *(Scilla)*, Schneeglanz *(Chionodoxa)*, Puschkinien *(Puschkinia)* oder Traubenhyazinthen *(Muscari)*. Ihr Blau wirkt wie eine kleine Wasserfläche, über der sich das strahlende Gelb der Forsythien erhebt.

Hübsche Farbkombination auf kleinstem Raum: Gelbe Narzissen und Kugelprimeln *(Primula denticulata)* **in lichtem Blau**

APRIL

Ziergarten

Winterschutz entfernen
Auch in rauheren Gegenden das im Spätherbst aufgebrachte Deckreisig entfernen, damit der Austrieb nicht behindert wird; bei Tränendem Herz, Federmohn, Schaublatt *(Rodgersia)* und bereits austreibenden Steppenkerzen und Lilien lassen wir das Material als Frostschutz für kalte Nächte noch ein wenig neben den Pflanzen liegen.

Koniferen pflanzen
Für Nadelgehölze, Rhododendren und andere immergrüne Laubgehölze ist jetzt Pflanzzeit. Vorher die Ballen einen halben Tag ins Wasser stellen, damit sie sich so richtig vollsaugen können. Das Ballentuch wird erst aufgeknüpft, wenn sich das Gehölz im Pflanzloch befindet, bleibt aber an der Pflanze, damit der Wurzelballen nicht beschädigt wird.

Rosen, Ziergehölze und Hecken pflanzen
Dies ist noch den ganzen April über möglich. Anschließend Triebe einkürzen und kräftig angießen, damit die Erde an die feinen Wurzeln geschlämmt wird. Ist der Boden an den Pflanzstellen noch nicht genügend vorbereitet, schlagen wir Rosen und Gehölze vorübergehend ein, d.h. sie werden dicht an dicht in einen spatentiefen Graben gestellt, z.B. im Gemüsegarten, und die Wurzeln mit Komposterde und feuchtem Rindenhumus umschüttet. So bilden sie rasch feine Faserwurzeln und es kann auch noch im Mai an die vorgesehenen Stellen gepflanzt werden. Wenn dies an einem windstillen, trüben Tag erfolgt und kräftig eingeschlämmt wird, wachsen derart behandelte Gehölze trotz bereits erfolgtem Austrieb recht zuverlässig und ohne besondere Störung weiter.

Vor dem Pflanzen werden die Stauden ausgelegt. So kann man den Platz am besten einteilen

APRIL

Sommerblumen, die an Ort und Stelle gesät werden können. Links: Ringelblume, rechts: Jungfer im Grünen

Stauden pflanzen

Obwohl die meisten Stauden heute in Containern angeboten werden und deshalb fast das ganze Jahr über gepflanzt werden können, ist im Frühjahr die beste Zeit hierfür. Außerdem können wir jetzt im Garten befindliche Stauden teilen und neu aufpflanzen. Besonders bei den bereits im März genannten Spätsommer- und Herbstblühern sowie den Ziergräsern sollte dies jetzt geschehen.

Sommerblumen aussäen

Jetzt sind all die Arten an der Reihe, die keine allzulange Vorkultur benötigen wie Tagetes, Astern, Zinnien, einjährige Nelken, Schmuckkörbchen (*Cosmos bipinnatus* und *C. sulphureus*) Bechermalven, Levkojen sowie einjährige Ziergräser. Wir säen in den kalten Frühbeetkasten oder in Saatschalen, die im Glashaus aufgestellt werden. Durchaus möglich, aber mit viel Arbeit verbunden, ist die Aussaat mit anschließender Weiterkultur in der Wohnung. Die Saat- und Pikierkistchen müssen dicht am Fenster stehen, das an milden Tagen geöffnet wird, oder man stellt die Kistchen auf den Balkon und holt sie bei Nachtfrostgefahr wieder in die Wohnung.

Samen von einjährigen Schlingpflanzen wie Zierkürbisse, Kalebassen, Kapuzinerkresse, Prunkwinden gibt man in kleine Töpfchen und kultiviert im Frühbeet, Gewächshaus oder in der Wohnung bis zu den Eisheiligen (Mitte Mai) vor.

Aussaat an Ort und Stelle: Unempfindliche Sommerblumen wie Goldmohn (*Eschscholtzia*), Ringelblume, Schleierkraut, Sommerazalee (*Godetia*), Mandelröschen (*Clarkia*), Wucherblume oder Kokardenblume (*Chrysanthemum carinatum*) Gelbe Wucherblume (*Chrysanthemum segetum*), Schöngesicht (*Coreopsis tinctoria*), Schleifenblume (*Iberis umbellata*), Duftsteinrich (*Alyssum maritimum*), Jungfer im Grünen (*Nigella*), Sonnenblumen, Edelwicken, Bechermalven (*Lavatera trimestris*), Seidenmohn Kornblumen u.a. werden direkt im Freien ausgesät. Vorher Boden lockern, Unkraut entfernen und Fläche mit Kompost verbessern. Nicht zu dicht säen und später zu eng stehende Pflänzchen vereinzeln. Angaben hierzu finden sich auf der Rückseite der Samentütchen.

Direkt ins Freie gesät werden auch Feldblumenmischungen sowie Blumenmischungen für Schmetterlinge. In ersterer sind neben hübschen, zierlichen Feldblumen in duftigen Farben vor allem Seidenmohn und Kornblumen enthalten. Sie ist auch zum Schnitt für die Vase interessant.

APRIL

Auch die prächtig blühenden Sommerazaleen *(Godetia)* können wir direkt ins Freie säen und nach Aufgang verziehen

Gladiolen legen
Sie passen zwar nicht in eine Staudenpflanzung oder auf ein Sommerblumenbeet, denn einmal sehen sie recht steif aus und zum anderen liegen sie nach Regengüssen oft kreuz und quer und stören das Gartenbild. Gut geeignet sind Gladiolen dagegen zum Schnitt weil sie in der Vase lange halten. Wer Freude an repräsentativen Sträußen hat, soll die Knollen deshalb in mehreren Schüben auf ein Beet im Gemüsegarten legen, 10–15 cm tief, damit die schweren Blütenstiele nicht umfallen. Wenn wir dann noch ein weitmaschiges Drahtnetz spannen, durch dessen Quadrate die Stiele hindurchwachsen können und dieses später entsprechend hochziehen, stehen die Gladiolen die ganze Saison hindurch kerzengerade im Garten.
Diese schlanken, eleganten Blumen mit ihren exotischen Blüten, die es in vielen Farben gibt, sind für jeden Strauß eine besondere Zierde.

Gartenteich
Reinigen, also Faulschlamm und in den Teich gefallenes Herbstlaub entfernen. Pflanzen, die zu stark wuchern verkleinern, beziehungsweise diese in Gefäße pflanzen und dann wieder in den Teich einbringen. Von der Wasserfläche sollten etwa zwei Drittel zu sehen sein.

Kübelpflanzen
Dürr gewordene Triebe bis auf gesunde Teile zurückschneiden, mehr gießen als bisher, düngen, hell stellen und viel lüften, damit die neuen Triebe nicht geil werden. Wenn irgendwie möglich, sollten Kübelpflanzen bereits bei milder Witterung ins Freie gebracht, bei einem Kälteeinbruch aber ohne große Mühe wieder in den Überwinterungsraum zurückgebracht werden. Wer die Pflanzen in der Garage oder einem anderen ebenerdigen Raum überwintert, kann sich ein kleines Wägelchen aus einer Holzpalette und Rollen bauen, auf dem sich z.B. ein schwerer Oleander bei günstiger Witterung ins Freie und ebenso bequem wieder zurücktransportieren läßt.

Rasen düngen
Wer Wert auf einen saftiggrünen Teppich legt, sollte häufig schneiden und den Rasen ausreichend mit Nährstoffen, vor allem Stickstoff, versorgen. Bei Verwendung eines speziellen Rasendüngers (Langzeitdünger) zum jetzigen Zeitpunkt, braucht während des Sommers oft gar nicht mehr oder höchstens noch einmal nachgedüngt zu werden.

APRIL

Gemüsegarten

Beete vorbereiten

Sobald der Boden nicht mehr schmiert, also oberflächlich abgetrocknet ist, richten wir die Beete für die ersten Aussaaten und Pflanzungen her. Dazu Boden nicht umgraben, sondern mit dem Krail oder Kultivator lockern, Kompost und Grunddüngung flach einarbeiten, Beete mit dem Rechen ebenziehen, Wege abtreten oder zwischen die einzelnen Beete schmale Lattenroste legen. Anschließend kann gesät oder gepflanzt werden.

Erste Aussaaten

Soweit dies in bevorzugten Gebieten nicht bereits Ende März möglich war, jetzt Möhren (Gelbe Rüben), Zwiebeln, Schwarzwurzeln, Spinat und Radieschen säen. Es folgen Erbsen, Rettiche, Rote Rüben, Mairüben und ab Monatsende Mangold. Steckzwiebeln flach stecken.

Küchenkräuter aussäen

Petersilie, neben dem Schnittlauch wohl das wichtigste Küchengewürz, säen wir jedes Jahr an eine andere Stelle, damit sie gesund und flott heranwächst. Eine andere Möglichkeit: Bereits im März in eine Saatschale locker aussäen, unter Glas stellen und die kleinen Pflanzen bereits Ende April/Anfang Mai reihenweise ins Freie pflanzen.
Wenn nötig, Schnittlauch aussäen. Meist befinden sich aber mehrere Stöcke im Garten, die jahrelang an der gleichen Stelle verbleiben können. Die Vermehrung ist denkbar einfach: Stökke in viele kleine Wurzelklumpen teilen und diese neu auspflanzen.
Kerbel und Dill aussäen und dies den Sommer über mehrmals wiederholen. So ist immer das zarte Grün dieser beliebten Küchenkräuter im Garten. Wenn wir Dill in einer Reihe säen, wie meist auf der Samenpackung empfohlen, wollen die Pflänzchen nicht so richtig wachsen, vielfach mickern sie geradezu dahin. Deshalb Dillsamen locker über den ganzen Gemüsegarten ausstreuen, so daß Pflanzen einzeln auf den Beeten stehen. Sie entwickeln sich dann prächtig und beleben mit ihrem zart-

Beet anlegen: Boden lockern – Kompost/Düngung einbringen – pflanzen und angießen

APRIL

gefiederten Laub den Gemüsegarten. Vorschlag: Einige Pflanzen bis zur Samenreife stehen lassen. Sie samen aus und wir brauchen uns im nächsten Jahr nicht mehr um Dill zu kümmern, er geht von selbst auf und wo sie Platz haben, lassen wir die attraktiven Pflanzen stehen. Auch im Gewächshaus dürfen ein paar Pflanzen aussamen. Von den bereits im zeitigen Frühjahr oft wie ein zartgrüner Rasen aufgehenden Dillpflänzchen bleiben einige zwischen Kopfsalat und anderen Frühkulturen stehen, so daß bereits ab Mai reichlich Dill zum Würzen vorhanden ist.

Bohnenkraut wird jetzt ebenfalls gesät. Einmal im Garten, sät es sich ähnlich wie Dill von selbst aus, so daß wir beim Anlegen der Gemüsebeete auf die kleinen Pflänzchen achten müssen, um diese nicht mit Unkräutern zusammen herauszureißen.

Majoran und Basilikum werden gegen Monatsmitte unter Glas ausgesät. Sie sind kälteempfindlich und dürfen erst nach den Eisheiligen im Mai ins Freie gebracht werden. Da wir nicht allzu viele Pflanzen brauchen, genügt es, wenn in einen Blumentopf locker gesät wird. Majoran wird büschelweise im Mai auf das Kräuterbeet gepflanzt. Die kleinen Basilikumpflänzchen können wir pikieren oder in kleine Töpfchen geben, damit nach Mitte Mai kräftige Pflanzen vorhanden sind.

Auspflanzen
Zu Monatsbeginn erstmals Kopfsalat und Kohlrabi auf die Beete bringen, gefolgt von verschiedenen Frühkohlarten wie Weißkohl (Weißkraut), Wirsing, Blumenkohl und später auch Brokkoli.

Ernteverfrühung
Folien sind zwar nicht umweltfreundlich, doch ist uns derzeit noch kein geeigneter Ersatz bekannt. Um die Ernte der gesäten und gepflanzten Gemüsearten um gut zwei Wochen zu verfrühen, empfiehlt sich die »wachsende« Schlitzfolie. Sie paßt sich der fortschreitenden Pflanzenentwicklung wie ein maßgeschneiderter Anzug an. Die ebenfalls zur Ernteverfrühung und als Frostschutz geeigneten Vliese sind nicht so flexibel und sollten deshalb sehr locker auf die Beete gelegt werden.

Schädlinge abwehren
Insektenschutznetze, also feinmaschige Gewebe aus Kunststoff, begünstigen ebenfalls das Pflanzenwachstum. Vor allem aber dienen sie dazu, Gemüsefliegen, Blattläuse und andere Schädlinge abzuhalten. Dadurch kann auf Spritzungen oder vorbeugend eingesetzte Streumittel verzichtet werden. Vor allem bei Möhren (Möhrenfliege,

Manche Gewürzkräuter sind zugleich eine Zierde wie Borretsch (links) und Dill

APRIL

»wurmige« Möhren), Rettichen (Rettichfliege) und Kohlarten (Kohlfliege) sind diese Netze zu empfehlen.

Pflanzenanzucht unter Glas
Im März ausgesäte Tomaten- und Paprikapflanzen eintopfen, im Frühbeet oder Gewächshaus einsenken und gegen Monatsende die Töpfe weiter auseinanderrücken, damit sich die Pflanzen kräftig entwickeln können. Gurken, Zucchini, Zuckermelonen, Zuckermais, Neuseeländer Spinat, Cardy und Artischocken in Töpfchen aussäen und die Pflanzen unter Glas vorkultivieren. Je Töpfchen 2–3 Samenkörner, nach Aufgang nur 1 Pflanze stehen lassen. Knollen- und Bleichsellerie aussäen und die Sämlinge bald nach Aufgang pikieren. Ebenso

Zwiebeln, Spinat, Petersilie in Mischkultur. Boden mit Häckselmaterial gemulcht. Links: Erbsen an Drahtgitter

Porree (Lauch) unter Glas oder im Freiland aussäen, damit wir vor allem den Winter über dieses wertvolle Gemüse im Garten stehen haben.

Freilandsaatbeet
Folgesaaten von Salat (Kopf-, Eissalat, Römischer Salat, Pflücksalat) und Kohlrabi vornehmen. Sommerrettiche aussäen und später verpflanzen. Wer einen größeren Gemüsegarten besitzt, sät außerdem

APRIL

späte Sorten von Weißkohl (Weißkraut), Rotkohl (Blaukraut) und Wirsing, vor allem Rosenkohl, alles Gemüsearten, die Ende Mai/Anfang Juni ausgepflanzt werden, damit sie bis zum Herbst voll entwickelt sind.

Kartoffeln und Spargel

Gegen Mitte April die ab März vorgekeimten Frühkartoffeln auslegen und mit »wachsender« Folie abdecken, um eine weitere Ernteverfrühung zu erreichen. Spargelpflanzung anlegen, wobei der Boden für Bleichspargel (Dämme) möglichst leicht sein sollte, während sich für Grünspargel jeder Gartenboden eignet.

> Frühbeet, Folientunnel und Glashaus besser zuviel als zuwenig lüften, damit die Pflanzen nicht vergeilen; wenn nötig, nur an sonnigen Tagen und nur vormittags gießen, damit die Kulturen bis zum Abend hin trocken sind.

Die gut 4 m langen Brombeerranken wurden hier wellenförmig an Spalierdrähte geheftet. Bei solch vorbildlicher Pflege gibt es nicht nur reiche Ernte, das Spalier sieht auch hübsch aus

Obstgarten

Pflanzarbeit beenden

Obstbäume können noch den ganzen April über gepflanzt werden. Je früher dies geschieht, desto kräftiger der Austrieb bereits im ersten Standjahr. Sofort Pflanzschnitt durchführen, aber nicht zu zaghaft, denn je schärfer die als künftige Leitäste vorgesehenen Triebe zurückgeschnitten werden, desto kräftiger treiben sie aus. Wird in den Rasen oder in die Wiese gepflanzt, dann in den ersten Jahren Baumscheibe von etwa 1 m Durchmesser offen halten und den Sommer

über mit Rasenschnitt abdecken (mulchen). Neu gepflanzte Obstbäume und Beerensträucher kraftig einschlämmen (angießen)!

Vor allem unter Spindelbüschen und Beerensträuchern mit der Grabgabel nur flach lockern. Da Humus die Grundlage jeder Düngung sein sollte, gut daumenstark halbverrotteten Kompost aufbringen und den Boden mit dem ersten Rasenschnitt handhoch mulchen.

Pfirsichbäume schneiden
Bei ihnen lassen sich jetzt die »wahren« und »falschen« Fruchttriebe gut unterscheiden, so daß wir uns mit dem Schnitt leichter tun. Wir können damit aber auch bis nach der Blüte bzw. nach dem Fruchtansatz warten. Erfrieren nämlich die Blüten oder kleinen Früchte, empfiehlt es sich, alle Triebe scharf zurückzuschneiden, damit aus den verbleibenden Knospen noch in derselben Saison wieder ein kräftiger Neutrieb erfolgt. Daran bilden sich im nächsten Jahr Blüten und Früchte.

Wundbehandlung
Wunden am Stamm (Wildverbiß, Frostschäden) an den Rändern nachschneiden und mit einem Wundverschlußmittel bestreichen. Auch Lehmbrei, dem ein Drittel strohfreier Kuhmist beigemischt ist, eignet sich für die Pflege größerer Wunden.

Links: Ohne Schorfbekämpfung. Rechts: 3mal gegen Schorf gespritzt

Anschließend Wunde mit Sackleinen umwickeln und feucht halten. Ist der Stamm allerdings rundum bis ins Holz hinein abgenagt (Mäuse), kommt jede Hilfe zu spät. Krebswunden erst bis ins gesunde Holz hinein ausschneiden und anschließend ebenfalls mit einem Wundverschlußmittel behandeln.

Pfropfen hinter der Rinde
Sobald sich die Rinde löst, kann diese Veredlungsart angewendet werden. Bei Kirschen und Zwetschen gelingt das Veredeln am besten zur Blütezeit, bei Apfel und Birne kann bis weit in den Mai hinein gepfropft werden. Voraussetzung für den Erfolg ist, daß die Reiser noch nicht eingetrocknet sind oder zu weit ausgetrieben haben.

Schorf bekämpfen
Schorfempfindliche Sorten bereits vor bzw. während der Blüte zum erstenmal mit einem organischen Pilzbekämpfungsmittel spritzen. Während der Blüte nur ein bienenungefährliches Mittel verwenden. Wer solche Spritzungen ablehnt, sollte nur sehr widerstandsfähige Sorten pflanzen, oder er muß in Kauf nehmen, daß Äpfel und Birnen voller Schorfflecken sind, Risse bekommen und sich nicht lagern lassen. Um mit möglichst wenigen Spritzungen – etwa drei – diese jährlich auftretende Krankheit weitgehend fernzuhalten, sollte man vor allem durch Schnitt für einen lichten Kronenaufbau sorgen bzw. ältere, dichte, Baumkronen den Winter über kräftig auslichten.

31

MAI

Jetzt gibt's im Garten viel zu tun

»Der Mai ist gekommen...«!
Dieser Monatsname bringt uns zum Schwärmen, denn »Mai«, das heißt nicht mehr Winter und Kälte, sondern laue Nächte, Obstblüte und warmer Mairegen. Die Kinder versuchen jetzt einen der so selten gewordenen Maikäfer zu fangen. Freilich, meist gibt es heute Maikäfer nur noch aus Schokolade in Konditoreien zu kaufen, weil den echten durch intensiven Pflanzenschutz der Garaus gemacht wurde. Aber auch wir Freizeitgärtner freuen uns jedes Jahr erneut auf diesen Monat und all die Düfte und Genüsse: Fliederduft, zartes Birkengrün, köstliche Waldmeisterbowle, zarten Spargel...
Doch im wunderschönen Monat Mai macht uns die Witterung oft einen Strich durch die Vorstellung von einem »Wonnemonat«; es kann im Mai recht unfreundliche Tage geben. Die Eisheiligen fallen ja schließlich in die Mitte dieses Monats.
Wenn aber die Sonne scheint, dann ist im Garten alles eitel Wonne. Viele Stauden, die bereits im April etwas Farbe

Japanische Zierkirsche in zartem Rosa vor strahlend blauem Maienhimmel

MAI

zeigten, vor allem die Polster in Blau, Rosa, Weiß und Gelb blühen auch im Mai weiter, ja, vielfach erreichen sie erst jetzt ihren Höhepunkt. Und viele neue kommen hinzu.

Im lichten Schatten blühen Waldanemonen, Maiglöckchen und Salomonssiegel; an der Trockenmauer zeigen sich rosettenbildende Steinbrecharten und Polsternelken von ihrer schönsten Seite. Die Prachtstaudenpflanzung beginnt allmählich ihrem Namen Ehre zu machen: Zusammen mit den blauen Kaukasus-Vergißmeinnicht blühen gelbe Frühlingsmargeriten und rote Darwintulpen. An anderer Stelle fallen die üppig goldenen Kugeln der Trollblumen ins Auge, ebenso Bauernpfingstrosen, weiße Frühlingsmargeriten und an einem leicht schattigen Plätzchen die rosafarbenen Blüten des Tränenden Herzens, zu denen so gut das zarte Blau des Kaukasus-Vergißmeinnichts und ein paar cremefarbene Narzissen passen. Kommt dann in der Nähe noch ein blühender Apfelbaum hinzu, so ist das Frühlingsbild vollkommen.

Doch auch hinsichtlich der Arbeit ist der Mai ein gesegneter Monat. Alles drängt. Was im April nicht mehr erledigt werden konnte, wird nun rasch nachgeholt. Hinzu kommt das Auspflanzen und Säen vieler Blumen und wertvoller Gemüsearten, die erst nach den letzten Frösten, also nach Mitte Mai ins Freie gebracht werden dürfen.

Ziergarten

Nadelgehölze pflanzen
Vor dem beginnenden Austrieb ist die beste Zeit hierfür. Nadelgehölze, auch die kleinbleibenden Zwergkoniferen, werden von Baumschulen und Garten-Centern als Ballenware oder in Containern angeboten, so daß das Wachstum nach sorgfältiger Pflanzung fast ohne Störung weitergeht.

Rhododendren düngen
Rhododendren und Freilandazaleen bekommen jetzt einen sauer wirkenden Spezialdünger, Menge nach Angabe auf der Packung. Wer pflanzen will, sollte dies in diesen Wochen tun. Zu beachten ist, daß auf Böden, die nicht von Natur aus einen niedrigen pH-Wert haben, die Pflanzstelle mit Torf und anderen sauren Substraten vorbereitet wird. Das ist aufwendig und teuer, aber ohne das werden die Pflanzen bald gelbe Blätter bekommen und zu kränkeln beginnen.

Rosen pflegen
Im Frühjahr gepflanzte Rosen haben inzwischen Fuß gefaßt, so daß sie abgehäufelt werden können. Wildtriebe an Rosen dicht an der Entstehungsstelle abreißen, da sie sonst die Edelsorte überwuchern. Gegen Monatsende beobachten, ob sich an den untersten Blättern bereits Spuren von Pilzbefall (Sternrußtau) zeigen. In diesem Fall sollte man jetzt erstmals vorbeugend mit einem Spezialpräparat gegen diese Krankheit spritzen.

Abgeblühtes abschneiden
Während bei Tulpen und Narzissen die Blätter so lange verbleiben sollen bis sie vergilbt sind, schneiden wir die Samenkapseln ab; jeder Samenansatz bedeutet Kraftentzug. Bei Rhododendren und Freilandazaleen knipsen wir aus dem gleichen Grund die verblühten Teile ab, beim Flieder nimmt man die Gartenschere zu Hilfe oder – noch besser – wir verschenken

Gesundes Rosenblatt. Daneben beginnender und fortgeschrittener Befall von Sternrußtau

33

MAI

zur Blütezeit reichlich Sträuße, um uns diese Arbeit hinterher zu ersparen...

Dahlien und andere Knollengewächse pflanzen
In der ersten Maihälfte kommen die Knollen von Dahlien, Gladiolen – erster Satz bereits im April –, Knollenbegonien, Montbretien, Indischem Blumenrohr *(Canna)*, Sommerhyazinthen *(Galtonia)*, Abessinischen Gladiolen *(Acidanthera)* und Pfauenlilie in den Boden. Bei Dahlien auf Schnecken achten und Blumentöpfe bereithalten, wenn die jungen Triebe bereits vor den Eisheiligen aus dem Boden spitzen und eine Frostnacht zu erwarten ist. Zwiebeln der hübsch blühenden Holländischen Iris *(I. hollandica)* können nicht nur im Herbst, sondern auch jetzt bis in den Juli hinein gelegt werden; sie blühen eineinhalb bis zwei Monate später.

Einjahresblumen auspflanzen
Alle kälteempfindlichen Sommerblumen, die im Frühbeet, Gewächshaus oder am Zimmerfenster seit März/April herangezogen wurden, nach den Eisheiligen, also etwa um den 20. Mai herum, ins Freie bringen. Hierzu gehören Astern, Löwenmaul, Zinnien, Kosmeen, Einjähriger Phlox, Tagetes, Salvien, Begonien, Leberbalsam *(Ageratum)*, Gazanien, Heliotrop

Bei Tulpen Samenkapseln abschneiden, Blätter schonen

Dahlien für den sommerlichen Garten jetzt pflanzen

MAI

und Verbenen. Unempfindliche Sommerblumen, auf die bereits im April hingewiesen wurde, können zu Monatsbeginn gleich an Ort und Stelle ausgesät werden. Wer der Erde vor dem Pflanzen einen umweltfreundlichen Langzeitdünger wie Osmocote beimischt, braucht 5 Monate lang, also bis zum Herbst hin, nicht nachzudüngen.

Stauden pflanzen

Dies ist den ganzen Mai über möglich, zumal die meisten Arten im Container angeboten werden. Es sollten aber nicht nur die prächtig blühenden Beetstauden im Garten vertreten sein, sondern auch pflegeleichte Wildstauden, von denen viele Arten gerade auf den meist stiefmütterlich behandelten Stellen im Halbschatten und Schatten gut gedeihen. Als Bodendecker eignen sich aus dieser Gruppe das im Frühling blau blühende Gedenkemein *(Omphalodes verna)*, die Waldsteinie *(Waldsteinia ternata)* mit gelben Blüten oder die erst im Spätsommer lila blühende niedrige Astilbe *(Astilbe chinensis 'Pumila')* Haselwurz, Maiglöckchen, Immergrün und Waldmeister. Letzterer wuchert allerdings, so daß dieser zur Blütezeit bildhübsche Bodendecker für kleinere Gärten nur mit Vorbehalt empfohlen werden kann. Es gibt aber auch viele mittelhohe und hohe Stauden, die sich für vernachlässigte Bereiche im lichten Schatten eignen: Akeleien, Fingerhüte, Silberkerzen, Astilben, Waldgeißbart,

In Multitopfplatten vorgezogene Levkojen mit kräftigem Wurzelballen

Prächtige Levkojenblüte

Herbstanemonen oder Eisenhut, auch Farne und Schattengräser. Auch für sonnige, trockene Stellen kennen wir zahlreiche pflegeleichte Stauden, die viele Jahre am gleichen Platz aushalten. Jetzt ist es auch günstig, Seerosen und viele andere Wasser- und Sumpfgewächse zu pflanzen.

Bei hochwachsenden Stauden wie Rittersporn, Brennender Liebe oder Herbstastern rechtzeitig Pflanzenstützen anbringen. Boden mit der Grabgabel lockern, Unkraut entfernen, Kompost ausbringen und düngen, sofern dies nötig und nicht bereits im April erfolgt ist.

MAI

Tulpengruppen, die im Hintergrund der Staudenfläche geblüht haben, einziehen lassen und erst dann dicht über dem Boden abschneiden. Die Zwiebeln können durchaus über Jahre hinweg im Boden verbleiben, es sei denn, wir wollen diese anders anordnen oder im Herbst neue Sorten mit einbauen.

Schlingpflanzen anbinden

Nachdem die abgestorbenen Teile bei sommerblühenden Clematis bereits bis auf neue Austriebe zurückgeschnitten wurden, heften wir die jungen Triebe an Spalierlatten oder Drähten fest. Auch bei anderen Schlingpflanzen wie Geißblatt (*Lonicera*), Knöterich und Pfeifenwinde heften wir die Jungtriebe, wenn nötig, an und leiten sie in die gewünschte Richtung. Efeu, der sich am Mauerwerk selbst festhält, muß vielfach in seinem ungestümen Wachstum gebremst werden. Allzuleicht wächst er sonst hinter eine Holzverkleidung und drückt diese weg, über Fenstersimse und -rahmen oder sogar unter die Vordachverschalung. Deshalb beobachten und die Triebe rechtzeitig einkürzen.

Rasen ansäen

Im Mai ist hierfür ein idealer Zeitpunkt. Es ist bereits wärmer, aber noch nicht so trocken wie im Sommer, so daß der Samen rasch keimt. Damit der Rasen möglichst gleichmäßig auf der gesamten Fläche aufgeht, säen wir erst einmal die je nach Rasenmischung empfohlene Menge auf 1 m^2 Fläche aus. Auf diese Weise sehen wir, wie dicht in etwa gesät werden muß.

Rasen pflegen

Wenn eine gleichmäßig grüne Rasenfläche erwünscht ist, wöchentlich, mindestens jedoch alle 10 Tage einmal mähen und bei anhaltender Trockenheit beregnen. Sofern noch nicht geschehen, einen Langzeitdünger ausbringen. Solche Dünger sind umweltschonend, weil der Stickstoff dem Rasen langsam zur Verfügung steht.

Ein gepflegter Rasen ist vor allem im kleinen Garten am Platze, wenn er von Stauden-, Rosen- und Sommerblumenpflanzungen umgeben ist. Solche Pflanzungen verlangen nach einer ruhigen Fläche in ihrer Nähe, andernfalls würde das Bild zu unruhig werden. Wer keinen Wert auf einen grünen Rasenteppich legt, andererseits aber keine ausgesprochene Blumenwiese möchte, kann eine Zwischenlösung anstreben: Nicht düngen, damit die Gräser nur langsam wachsen und sich Nester von Wildblumen ansiedeln. Es braucht dann nur alle 2–3 Wochen gemäht zu werden, wobei die blühenden Stellen ausgespart werden. Blumenzwiebelgruppen im Rasen, also Krokusse, Blausternchen oder Narzissen beim Mähen solange aussparen, bis die Blätter vergilbt sind.

Blumenwiese

Im Gegensatz zu einem gepflegten Rasenteppich wird hier auf keinen Fall gedüngt, denn gerade auf nährstoffarmen Böden entwickelt sich eine vielgestaltige Wildblumengesellschaft. Jetzt blühen an feuchteren Stellen vielfach Schlüsselblumen, Kissenprimeln und Günsel; dort wo es trockener ist, siedeln sich Veilchen, Gänseblümchen, Ehrenpreis und Hahnenfuß an. Gemäht wird erst gegen Ende Juni, wenn auch andere Wiesenblumen verblüht sind.

MAI

Balkon- und Kübelpflanzen

Sie werden nach den Eisheiligen, also nach Mitte Mai ins Freie gebracht, an geschützten Stellen auch schon vorher. Bei der Balkonbepflanzung sind inzwischen Sommerblumen erprobt, die ein wesentlich abwechslungsreicheres, farbenfroheres Bild ergeben als die üblichen Geranien (Pelargonien) und Petunien: Beispielsweise Sommernelken, Ziertabak, Zwergmargeriten, Leberbalsam, Männertreu, Fleißiges Lieschen, Duftsteinrich oder Blaues Gänseblümchen.

Balkonkasten mit fröhlich leuchtenden Sommerblumen

Gemüsegarten

Erste Ernte

Aus Frühbeet und Gewächshaus, aber auch schon aus dem Freiland können Kopfsalat, Radieschen, Rettiche, Spinat, Gartenkresse, Winterportulak und Spinat geerntet werden. Petersilie, die im letzten August gesät wurde, liefert zusammen mit Schnittlauch würziges Grün für die Küche. Überwinterter Porree (Lauch) wird geerntet bevor er schoßt.

Aussaaten

Wenn dies im April vergessen wurde, werden rasch wichtige Küchengewürze wie Dill, Kerbel, Bohnenkraut, Majoran und Basilikum ausgesät; die beiden letzten unter Glas, da frostempfindlich. Dill und Bohnenkraut gehen an verschiedenen Stellen des Gemüsegartens von selbst auf, wenn wir im letzten Jahr ein paar Pflanzen bis zur Samenreife stehengelassen haben. Locker verstreut stehender Dill entwickelt sich wesentlich besser als wenn wir ihn aus der Samentüte in einer Reihe säen, zudem sehen die Pflanzen mit dem zierlichen Laub hübsch aus.

Wärmeliebende Gemüsearten aussäen

Busch- und Stangenbohnen kommen erst nach Mitte Mai in

Stangenbohnen – einmal ganz anders

MAI

den Boden. Er muß sich genügend erwärmt haben, damit die Samen rasch keimen. »Bohnen müssen die Glocken läuten hören« heißt es im Volksmund, also nur 2–3 cm tief säen. Wenn die Bohnenkörner zu tief gelegt sind, faulen sie sehr leicht, vor allem bei Regenwetter und wenn der Boden dazu noch schwer und kalt ist. Es ist deshalb oft besser, erst gegen Ende Mai zu säen, wenn sich die Erde genügend erwärmt hat. Häufig werden die Keimblätter, vor allem bei zögerlichem Wachstum, von der Bohnenfliege befallen und vernichtet. Deshalb nicht zu früh säen und Beet mit Gemüsefliegennetz abdecken, damit die Bohnenfliege abgehalten wird.

Möhren rechtzeitig verziehen. Links: Bohnen können in Töpfen vorkultiviert werden

Je 5–8 Bohnensamen in Töpfe legen, im Frühbeet oder Gewächshaus vorkultivieren bis sich die ersten Blätter entwickelt haben und erst dann auspflanzen. Ein Befall durch die Bohnenfliege ist dann nicht mehr möglich und außerdem wird die Ernte verfrüht.

Gurken werden Mitte bis Ende Mai ausgesät, vorteilhaft mit »wachsender« Schlitzfolie abgedeckt oder einem Folientunnel überbaut. Darunter wachsen die wärmeliebenden Gurken, die größere Temperaturschwankungen schlecht vertragen, in gera-

MAI

dezu tropischer Üppigkeit. Ohne solchen Schutz bekommen sie dagegen bei kühler Witterung, wie sie in manchen Gegenden zur Zeit der Schafskälte im Juni und gelegentlich auch im Sommer auftritt, einen Schock oder sterben sogar ab. Das gedämpfte Licht und die erhöhte Luftfeuchtigkeit unter Folienschutz bekommt ihnen dagegen gut. Bewährt hat es sich außerdem, das Beet mit schwarzer geschlitzter Mulchfolie abzudecken. Gesät oder gepflanzt wird dann in kreuzförmige Einschnitte, die wir in der Beetmitte in Abständen von 30 cm anbringen.

Auspflanzen

Im letzten Maidrittel kommen die Tomaten ins Freie. Wir pflanzen sie mit 50 cm Abstand an eine möglichst warme, regengeschützte Stelle. Das ist der beste Schutz gegen die alljährlich auftretende Kraut- und Braunfäule, die an einem solchen Platz ohne Spritzung bis in den September hinein zurückgehalten werden kann. Wenn sich kein solcher Platz anbietet, können die Tomaten mit einem einfachen Dachlattengestell und Folie überbaut werden. Diese soll nur den Regen abhalten und nicht bis unten hin reichen, denn Tomaten lieben Wärme, brauchen aber gleichzeitig viel Luft. Da die Tomate auch aus dem Stengel sogenannte Adventivwurzeln entwickelt, werden die Pflanzen etwas tiefer in die Erde gesetzt.

Des weiteren auspflanzen: Paprika, Zuckermelonen, Auberginen, Zuckermais, Artischocken, Cardy, Neuseeländer Spinat und Basilikum. Die drei erstgenannten sind besonders wärmeliebend und sollten auch den Sommer unter Glas oder Folie weiterkultiviert werden. Bei Zucchini auf Schnecken achten und die ersten Wochen unter »wachsender« Folie pflanzen. Sobald sie im Juni kräftig loszuwachsen beginnen, sind sie gegen Temperaturschwankungen unempfindlicher als die verwandten Gurken, so daß sich ein weiterer Folienschutz erübrigt. Basilikum an eine besonders warme, windgeschützte Stelle pflanzen. Besonders gut wächst diese wertvolle Gewürzpflanze mit den aromatischen Blättern im Gewächshaus.

Frühbeetnutzung

Hierfür eignen sich besonders Gurken, Paprika und Zuckermelonen. Sobald die im Frühbeet herangezogenen Gemüse- und Blumenpflanzen den Platz geräumt haben, wird gepflanzt. Von Gurken und Zuckermelonen genügt eine Pflanze je Fenster, bei Paprika hat sich ein allseitiger Abstand von 40 × 40 cm bewährt.
Sobald die Pflanzen im Juni an das Glas anstoßen, wird ein entsprechend hohes Lattengestell darübergebaut und auf dieses die Fenster gelegt; dadurch bekommen die Pflanzen viel Wärme und sind gleichzeitig gegen Regen geschützt.

Gewächshaus

Ähnlich wie das Frühbeet, können wir es mit Treibgurken, Tomaten und Paprika bepflanzen; auch Stangenbohnen, Neuseeländer Spinat und Basilikum fühlen sich hier den Sommer über wohl. Ausgesprochene Treibgurken wollen viel Wärme und gedämpftes Licht. Auch nachts sollte die Temperatur möglichst nicht allzuweit und 15°C absinken. Wer Freude am tropischen Wachstum und den gleichmäßig schlanken Treibgurken hat, sollte das Glashaus nur mit Gurken bepflanzen. Tomaten und Paprika wollen dagegen mehr Licht und vor allem viel Luft. Sie haben andere Ansprüche als Treibhausgurken. Man kann aber

Geisterstunde im Garten – Tomaten unter schützenden Folienhauben

MAI

durchaus Gurken, Tomaten und Paprika im selben Gewächshaus anbauen, nur sollte man dann eine weniger anspruchsvolle Gurkensorte wählen.
Bewährt hat sich in diesem Fall 'Hoffmanns Produkta', die nach wie vor auch für den sommerlichen Anbau im Frühbeet zu empfehlen ist.

Saatbeet

Alle zwei Wochen etwas Kopf-, Eissalat, Römischen Salat u.a. aussäen. Auf diese Weise sind ständig wüchsige Salatpflanzen zur Hand. Ebenso können auf dem Freilandsaatbeet Kohlrabi- und Brokkolipflanzen herangezogen werden. Für die Aussaat von Spätkohlarten einschließlich Rosenkohl eilt es. Lediglich bei Grünkohl können wir noch zuwarten.

Ideale Pflanzware: Gurken mit wenigen Blättern und gut durchwurzeltem Topfballen

Pflegearbeiten

Zu dicht aufgegangenen Aussaaten von Möhren (Gelbe Rüben), Petersilie, Schwarzwurzeln, Zwiebeln, Radieschen und Rote Rüben auf ausreichende Abstände verziehen, also ausdünnen.

> Erbsen, Puffbohnen, Frühkartoffeln und Frühkohlarten anhäufeln. Dadurch wird die Standfestigkeit erhöht und ein gesundes Wachstum der Pflanzen gewährleistet.

Säen und pflanzen zum Monatsende

Chicorée und Löwenzahn aussäen. Bei Chicorée eine Sorte bevorzugen, die ohne Deckerde angetrieben werden kann wie 'Mitado', 'Zoom' oder die attraktiv rot-weiße 'Rouge Carla'. Gepflanzt werden gegen Monatsende Porree (Lauch), Knollen- und Bleichsellerie.

Obstgarten

Mulchen

Neu gepflanzte Obstbäume wachsen besonders flott voran, wenn der Boden um den Stamm herum offen bleibt und gemulcht wird. Auch unter älteren Spindelbüschen und Beerensträuchern mit Grasschnitt oder kurzem Stroh abdecken, also mulchen. Dadurch bleibt der Boden gleichmäßig feucht und locker, es kann sich ein reges Bodenleben entwickeln und der Unkrautwuchs wird gebremst.

Gießen

Erst im Herbst bzw. Frühjahr gepflanzte Obstbäume und Beerensträucher gelegentlich gründlich wässern.

Frostschutz

Tücher, Folien oder Abdeckplanen bereithalten, um kleine, reichblühende Bäume in Frostnächten schützen zu können; besonders bei Spalierbäumen an der Hauswand, die bereits kleine Früchte angesetzt haben, lohnt ein solcher Schutz, wenn es zur Zeit der Eisheiligen nochmals kalt wird.

Schnitthilfe bei Spalierobst

Des öfteren warten wir vergeblich auf einen geeigneten Austrieb, den wir gerne links oder rechts vom Stamm an der Spalierlatte entlang ziehen möchten, damit sich aus ihm ein kräftiger Spalierast entwickelt. In diesem Fall mit dem Messer an der gewünschten

MAI

Stelle über einem schlafenden Auge einen halbmondförmigen Einschnitt anbringen, der bis ins Splintholz reichen soll; also nicht zu tief einschneiden. Dadurch wird der aufsteigende Saftstrom an dieser Stelle unterbrochen, das betreffende Auge treibt aus und wir bekommen den gewünschten Trieb.

Birne in der Flasche: »Wie kommt die Birne in die Flasche?« Wer seine Freunde mit der Frage überraschen will, muß bereits jetzt einen Trieb mit Birne in eine Flasche stecken. Die Flasche wird mit der Öffnung nach unten am Baum angebracht, damit das Innere auch bei Regen trocken bleibt. Damit es in diesem Mini-Glashaus nicht zu heiß wird, streichen wir den Flaschenboden mit Kalk an.

Düngen
Bäume mit reichlichem Fruchtbehang und mäßigem Triebwachstum kann man Ende Mai einen kleinen Nachschlag geben: 20–40 g/m² Blau-Volldünger bzw. 10–20 g/m² Stickstoffdünger (z.B. Kalkammonsalpeter). Letzteres, wenn eine Bodenuntersuchung ergeben hat, daß der Boden ausreichend mit Phosphat und Kali versorgt ist.

Pflanzenschutz
Schorfanfällige Apfel- und Birnensorten etwa drei Wochen nach der letzten Behandlung nochmals mit einem organischen Pilzbekämpfungsmittel (Fungizid) spritzen. Zugelassene Mittel im Fachgeschäft erfragen. Solche Präparate zeigen auch eine gute Wirkung gegen Pflaumenrost bei Zwetschen und Pflaumen, Schrotschußkrankheit bei Kirschen und anderen. Insektenmittel der Spritzbrühe nur dann zusetzen, wenn verstärkt tierische Schädlinge (Blattläuse u.a.) auftreten und Nützlinge an den Bäumen fehlen; beobachten!
Häufig werden Triebe an Sauerkirschen »über Nacht« welk und anschließend dürr. Es handelt sich um Zweigmonilia, eine Pilz-

Starken Blattlausbefall (Sauerkirsche) bekämpfen! Rechts: Halbmondförmiger Einschnitt bei Birnspalier. Dadurch Austrieb aus schlafenden Augen

krankheit. Auch an Pfirsichen, Süßkirschen und Pflaumen sterben plötzlich Triebe ab, gelegentlich auch an Apfelbäumen (z.B. 'James Grieve'). Bekämpfung: Abgestorbene Triebe bis auf gesunde Triebe bzw. Äste zurückschneiden, regelmäßiger Obstbaumschnitt.

Erdbeerbeete
Pflanzen mit Stroh unterlegen. Frigo-Erdbeeren auspflanzen. Reichblühende, gesunde Erdbeerpflanzen mit Stäbchen kennzeichnen und später nur von diesen die benötigten Jungpflanzen (Ausläufer) gewinnen.

Rieseln bei Beerenobst
Diese Erscheinung an Beerensträuchern hat verschiedene Ursachen: Spätfröste oder naßkalte Witterung, des öfteren auch fehlende Bestäubung oder Wassermangel.

JUNI

Juni, der Rosenmonat

Im Mai hatten wir alle Hände voll zu tun, um die wärmeliebenden Gemüsearten und Sommerblumen auf die Beete zu bringen. Jetzt, im Juni, wird es ruhiger. Wir können den Garten genießen.

Im Mai bangten wir in klaren Nächten um die Obstblüte, denn Spätfröste gehören nach den langjährigen Erfahrungen ebenso zum Wonnemonat wie all die Blütenfülle und das frühlingshafte Gartenbild. Jetzt ist all der Frühlingszauber zwar vorbei, wir brauchen aber endlich keine Bedenken mehr zu haben, daß eine kalte Nacht unsere Pflanzen schocken oder gar vernichten könnte. Allerdings, die Schafskälte um die Monatsmitte unterbricht kurzfristig das Wachsen.

Ab Monatsmitte beginnen die Rosen zu blühen und der Sommerflor, den wir im Mai ausgepflanzt haben, schließt allmählich die Lücken; er läßt bereits die Farbenfülle des Sommers ahnen. Dazu reifen köstliche Erdbeeren und Kirschen, Obstarten also, die jeder gerne mag. Eine andere Delikatesse, der Spargel, kann noch bis Johanni (24. Juni) gestochen werden. Dann aber braucht er Ruhe, damit sich sein duftiges Blattgrün entwickeln kann.

An etwas schattigen Stellen beginnen die zierlichen Astilben zu blühen, und am Wasserbecken freuen wir uns über die ersten Seerosen und die Japanische Iris, eine fernöstliche Schönheit. Elegant wirkt in unmittelbarer Nähe von Wasser die Sibirische Iris *(Iris sibirica)* mit ihren schmalen, langen Blättern und blauen Blüten, die besonders über einem gelbblühenden Teppich von Pfennigkraut zu Geltung kommen. In der Prachtstaudenpflanzung werden jetzt bereits kräftige Töne angeschlagen: Die Edel-

JUNI

paeonien blühen in verschwenderischer Pracht, dazu kommen an anderer Stelle die leuchtkräftigen Kerzen der Lupinen, die weiße und bunte Frühlingsmargerite und der Türkische Mohn, der seine in der Knospe zerknitterten, seidigen Blütenblätter von der Sonne glatt bügeln und sie dann rotglühend leuchten läßt. Blaue, rosa und weiße Farbtöne bringt der Feinstrahl *(Erigeron)* ins Staudenbeet, bis dann Ende Juni die hohe Zeit der Rittersporne beginnt. Blaue Rittersporne, zusammengepflanzt mit weißen Sommermargeriten, rotblühender Brennender Liebe, kräftiggelben Scharfgarben und rosa- oder orangefarbene Taglilien bieten unserem Auge eine geradezu verschwenderische Farbenfülle.

Am 21. Juni beginnt der Sommer, der nach altem Brauch am Johannistag, also am 24. Juni mit lodernden Feuern begrüßt wird. Übrigens: Wie das Wetter an Johanni ist, so soll es nach einer alten Bauernregel 40 Tage lang bleiben. Und weil wir schon beim Wetter sind: Am 27. Juni ist der »Siebenschläfer«, dem viele Hobbygärtner mit gemischten Gefühlen entgegensehen. Den Namen hat er bekommen, weil nach einer Legende an diesem Tag einst sieben christliche Jünglinge aus einem 200 Jahre dauernden Schlaf in einer Höhle bei Ephesus erwacht sind. Sieben Wochen lang soll es regnen, wenn sich an diesem Tag die Schleusen öffnen.

Ein prächtiges Bild: Rosen zusammen mit Salbei, Katzenminze, Glockenblumen und Lavendel

Ziergarten

Rosen

Verblühte Teile mitsamt den darunter befindlichen zwei Blättern wegschneiden. Dadurch sehen die Rosen gepflegt aus, ein Samenansatz wird verhindert, vor allem aber wird durch den Schnitt erneuter Austrieb und die Bildung neuer Blütenknospen angeregt. Bei anhaltender Trockenheit wässern, auf keinen Fall aber von oben beregnen; dies schadet der Blüte und fördert Pilzkrankheiten. Deshalb mit dem Schlauch nur zwischen dem Boden gießen. Gegen Ende des Monats ein zweitesmal düngen. Bereits ab Monatsbeginn auf das Auftreten von Pilzkrankheiten achten. Gelbe Blätter im unteren Bereich mit schwärzlichen Punkten oder Kreisen deuten auf beginnenden Befall von Sternrußtau hin; wenn sich die Knospen weiß überziehen, handelt es sich um Mehltau. In diesem Fall rasch mit einem zugelassenen Präparat gegen Rosenkrankheiten spritzen und Spritzungen im Laufe des Sommers wiedererholen. Wer dies übersieht, muß damit rechnen, daß die Rosen im Spätsommer fast ganz ohne Laub dastehen, nur noch spärlich blühen und geschwächt in den Winter gehen.

Bekommen dagegen die Blätter insgesamt ein chlorotisch-gelbliches Aussehen und sind sie ohne schwarze Flecken, so liegen andere Ursachen vor, z.B.

43

JUNI

Links: Gelber Scheinmohn.
Rechts: Rosa Seidenmohn
zusammen mit blauen Kornblumen

Eisenmangel. In diesem Fall mit Fetrilon, einer organischen Eisenverbindung nach Gebrauchsanweisung gießen. Fahlgelbe Blätter mit grünen Adern zeigen dagegen Magnesiummangel an. Wenn nötig, kann der fehlende Spurennährstoff in Form von Magnesiumsulfat gegeben werden. Beginnenden Blattlausbefall an den Knospen mit den Fingern zerdrücken oder möglichst mit einem ungiftigen Insektenmittel spritzen. Vielfach läßt sich beobachten, daß Meisen die Blattläuse abpicken.

Stauden

Auch jetzt läßt sich noch eine Staudenpflanzung anlegen, wenn Containerpflanzen verwendet werden. Im Frühling und Frühsommer blühende Stauden alle paar Jahre in faustgroße Stücke teilen und im Juni neu pflanzen. Ausnahmen: Pfingstrosen und Tränendes Herz, die lange ungestört am gleichen Platz bleiben wollen. Rittersporne bereits im Verblühen bis dicht über den Boden herunterschneiden und düngen. Es gibt dann eine zweite Blüte im Spätsommer. Auf Schnecken achten, andernfalls wartet man meist vergeblich auf den jungen Austrieb. Höher werdende Stauden stäben oder die im Frühjahr aufgelegten Pflanzenstützen allmählich höher nach oben ziehen. Akeleien und Fingerhüte bis auf die dicht über dem Boden befindlichen Blätter herunterschneiden, nur wenige Samenstände belassen. Diese Arten vermehren sich durch Selbstaussaat weiter. Auch beim gelbblühenden Scheinmohn *(Meconopsis cambrica)* ist dies der Fall. Einmal im Garten, geht er an allen möglichen Stellen von selbst auf. Das Zuviel kann leicht entfernt werden. Wir schneiden die Samenstände bis auf wenige ab oder kürzen die Pflanzen ein, damit sie noch möglichst lange Blüten bringen. Wer will kann die Blütezeit bei einigen Stauden verlängern z.B. bei Sommerphlox. Man braucht dazu nur einen Teil der Blütentriebe um Handbreite einzukürzen, allerdings ist die Hauptblüte dann nicht mehr ganz so üppig.

Sommerblumen
Sie können auch jetzt noch ausgepflanzt werden und beginnen nur geringfügig später zu blühen als die ab Mitte Mai gepflanzten. In Gärtnereien und Garten-Centern sind zum Ende der Pflanzsaison die Preise häufig herabgesetzt. Bei Neuheiten und Arten, von denen wir nur wenige Stück benötigen, lohnt es sich ohnehin kaum, daß wir sie selbst heranziehen. Das gleiche gilt für Sommerblumen mit langer und schwieriger Vorkultur. Vielfach werden solche in »Nespaks« angeboten, also in leichten Kunststofftöpfchen, von denen sechs oder mehr eine Packungseinheit bilden. Solche Pflanzen mit Wurzelballen wachsen rasch weiter.

Zweijahresblumen aussäen
Für die meisten genügt die Aussaat in der ersten Juli-Hälfte. Lediglich Stiefmütterchen sollten in klimatisch ungünstigen Gegenden bereits ab Mitte Juni gesät werden. Da es sich um Dunkelkeimer handelt, wird die Saatschale mit Papier abgedeckt und schattig aufgestellt. Bewährt hat es sich, die Saatgefäße anfangs in einen Kellerraum zu stellen und sie erst ins Freie zu bringen, wenn die Samen keimen. Nach etwa einer Woche täglich nachsehen, damit dieser Zeitpunkt nicht versäumt wird, andernfalls würden die Keimlinge geil, d.h. blaß und sehr lang. In diesem Fall müßte erneut gesät werden. Im Handel erhältliche spezielle Aussaaterde verwenden, da Stiefmütterchen während des Keimens sehr empfindlich sind.

Hecken schneiden
Damit kann Ende Juni begonnen werden, sofern sich nicht brütende Vögel in den Zweigen befinden.
Dies gilt für alle Laubgehölzhecken wie zum Beispiel Hainbuche, Liguster, Kornelkirsche.

Rasen pflegen
Regelmäßig schneiden, beregnen und düngen, sofern nicht

Nicht vergessen: Die Aussaat sollte sorgfältig beschriftet werden

Stiefmütterchen von Mitte Juni bis Mitte Juli aussäen

JUNI

bereits im Frühjahr ein Spezialdünger mit länger anhaltender Wirkung verwendet wurde. Rasenschnitt nicht kompostieren sondern damit besser unter Obst-Spindelbüschen, Beerensträuchern oder Tomaten mulchen. Eine Blumenwiese erst im Juli schneiden und nicht düngen. Auf abgemagertem Boden blüht es besonders reich.

Blumenzwiebeln

Kleinblumenzwiebeln und Narzissen bleiben ungestört im Boden. Nur wenn die Horste zu dicht werden und das Blühen nachläßt, sollte man sie mit der Grabgabel herausnehmen, teilen und neu aufpflanzen. Auch Tulpen können über Jahre hinweg im Boden verbleiben. Sollen aber Sommerblumen auf die gleiche Fläche kommen, nimmt man die Tulpen mit reichlich Wurzelballen heraus und schlägt sie am Kompostplatz oder einer anderen abgelegenen Stelle so lange ein, bis die Blätter vergilbt sind. Später werden die abgetrockneten Zwiebeln geputzt und sortiert. Man hebt nur die kräftigsten auf, um sie im Herbst erneut in den Boden zu bringen und bringt die kleinen auf den Kompost.

Verschiedene Pflegearbeiten

Boden auf Sommerblumen-, Stauden- und Rosenbeeten flach lockern und Unkraut möglichst entfernen, bevor es blüht und Samen ansetzt. Bei Trockenheit vor allem die neu gepflanzten Gehölze, Rosen und Stauden wässern; Dabei den Boden nicht nur oberflächlich anfeuchten, sondern durchdringend gießen.

Hainbuchenhecke richtig geschnitten: Sie ist unten breiter als oben.

Gemüsegarten

Frühgemüse ernten

Auch ohne Frühbeet oder Gewächshaus gibt es bereits allerhand zu ernten: Kopfsalat, Radieschen, Rettiche, Kohlrabi, Frühweißkohl, Wirsing und Blumenkohl.

Freiwerdende Beete nutzen

Gepflanzt werden Sommerkopfsalat, Eissalat, Römischer Salat (Bindesalat), Kohlrabi, Spätkohlarten, Rosenkohl, Porree (Lauch) und Knollenfenchel (schoßfeste Sorte) oder: Knollenfenchel in Reihen säen und nach dem Aufgang auf ausreichende Abstände verziehen; auch die Pflanzung von Knollen- und Bleichsellerie ist zu Monatsanfang noch möglich. Gesät werden Möhren (Gelbe Rüben), Rettiche Radieschen, Radicchio und ab Monatsmitte Zuckerhut. Letztere Kultur sollte nicht übersehen werden, denn dieser Salat mit »Biß« kann bis etwa −10°C auf dem Beet stehen bleiben, also meist bis Weihnachten oder sogar noch länger.

Saatbeet

Um ständig wüchsige Pflanzen zu haben, säen wir alle zwei Wochen die verschiedenen Salatarten aus, also Kopfsalat, Eissalat usw. Noch besser ist es, wenn wir eine Multitopfplatte mit Aussaaterde füllen und in jedes der kleinen Töpfchen 2–3 Samenkörner legen. Nach dem Aufgang bleibt nur eine

JUNI

Pflanze je Topf stehen, die später mit kleinem Wurzelballen ausgepflanzt werden kann. Auf diese Weise wird auch bei sommerlicher Hitze das Wachstum kaum unterbrochen und wir können in kurzer Zeit ernten. Vor allem in kleinen Gärten lohnt sich dies.

Des weiteren auf dem mit Komposterde und Torfsubstrat verbesserten Anzuchtbeet bereits Anfang Juni Winterporree, Brokkoli und Blumenkohl aussäen; gegen Mitte des Monats folgen Endivie, Spätkohlrabi und Grünkohl. Im Juli und August sind dann kräftige Pflanzen vorhanden.

Tomaten

Geiztriebe, also die in den Blattachseln erscheinenden Triebe regelmäßig ausbrechen und den Mitteltrieb am Pfahl anbinden. Man kann die Tomaten durchaus mit zwei Trieben

Tomaten ab jetzt immer wieder einmal ausgeizen

hochziehen, mehr zu belassen ist aber nicht sinnvoll. Die unteren 2–3 Blätter entfernen, da von hier aus die Ansteckung mit Kraut- und Braunfäule beginnt.

Unter Tomaten nicht hacken, da die flach verlaufenden Wurzeln dabei abgerissen und die Pflanzen als Reaktion darauf die Blätter einrollen würden. Am besten den Boden zwischen den Pflanzen handhoch mit kurzem Rasenschnitt bedecken. Der Boden bleibt dann locker und gleichmäßig feucht, so daß auch bei warmer, trockener Witterung nur selten gegossen zu werden braucht.

Paprika

An den Pflanzen Stäbe anbringen, damit sie nicht umfallen, regelmäßig gießen und mit Nährstoffen versorgen, andern-

Bei Paprika die Fenster hochlegen. Ernte ab Juli

falls stockt das Wachstum und die Früchte werden abgeworfen. Auch bei Paprika hat es sich bewährt, den Boden bereits beim Pflanzen mit schwarzer Mulchfolie zu bedecken oder jetzt mit kurzem Rasenschnitt zu mulchen. Ähnlich wie bei Tomaten verlaufen die feinen Wurzeln ziemlich flach.
Wurde Paprika ins Frühbeet gepflanzt, die Fenster auf ein etwa 80–100 cm hohes, pultartiges Dachlattengestell auflegen, sobald die Pflanzen ans Glas anstoßen. Wichtig: Fenster gut mit Draht an den Latten befestigen, da sie sonst beim nächsten Sturm weggetragen würden. Vollreife Paprikafrüchte sind rot und schmecken in diesem Zustand besonders gut. Es gibt keine grünen Sorten, sondern grüne Früchte sind noch unreif, eignen sich aber für Salate oder zum Füllen.

JUNI

Geradezu tropisch-üppiges Wachstum im Kleingewächshaus. Reicher Fruchtansatz durch richtigen Schnitt und Düngung

Gewächshaus

Am Mitteltrieb der Gurken entwickeln sich die ersten langgestreckten Früchte. Dadurch wird allerdings die Pflanze erheblich geschwächt und der weitere Ansatz von Gurken gebremst. Es ist deshalb ratsam, alle Früchte bis zu einer Höhe von 80 cm abzunehmen. Wer dies nicht übers Herz bringt, kann bei wenigen Pflanzen die unteren Früchte belassen, sollte sie aber bei der Mehrzahl der Pflanzen gleich nach dem Ansatz entfernen. Anschließend ernten wir, bis die Triebe an den Giebel des Glashauses anstoßen. Dann die Triebspitze wegnehmen und alle sich daraufhin entwickelnden Seitentriebe bis auf 1 Gurke und 1 Blatt einkürzen.
Wöchentlich mit schwacher Lösung düngen, d.h. nur 20 g, also knapp eine halbe Handvoll eines wasserlöslichen Volldüngers (Hakaphos) auf eine 10-Liter-Gießkanne geben und damit Pflanzen und Erdhügel überbrausen. Bedenken wegen Blattverbrennungen braucht man bei dieser schwachen Konzentration nicht zu haben.
Alle zwei Wochen einmal anstelle von Hakaphos einen ebenfalls leicht wasserlöslichen Stickstoffdünger (Kalksalpeter) in gleicher Konzentration verwenden. Wer will, kann statt der wöchentlichen schwachen Düngung zu Beginn der Kultur einen organisch-mineralischen Volldünger (Manna, Hornoska, Engelharts Gartendünger, Compo Obst- und Gemüsedünger u.a.) für die ganze Kulturdauer einarbeiten, weil hier die Nährstoffe nur langsam zur Wirkung kommen.
Gegen die vielfach auftretenden Spinnmilben vorbeugend Raubmilben ausbringen, gegen Weiße Fliege die Encarsia-Schlupfwespe. Beide Nützlinge sind auf dem Versandwege erhältlich.

Verschiedene Pflegearbeiten

Besonders nach stärkeren Regenfällen den Boden oberflächlich lockern und dabei Unkraut entfernen. – Zu dicht stehende Sämlinge von Möhren, Zwiebeln, Wurzelpetersilie, Schwarzwurzeln, Rote Rüben und Radieschen auf die richtigen Abstände vereinzelnen. – Kulturen, die länger auf den Beeten stehen, Kopfdüngung geben. – Spargel- und Rhabarberernte gegen Johanni (24. Juni) beenden und anschließend düngen. – Bei Artischocken schwächere Blütenknospen entfernen.

Obstgarten

Früchte ausdünnen
Apfelspindelbüsche setzen oft überreich Früchte an; in diesem Fall die Fruchtbüschel ausdünnen und nur die größeren Früchte belassen. Andernfalls gibt es zwar viele, aber sehr kleine Äpfel oder der Baum erschöpft sich zu sehr und bringt im nächsten Jahr kaum eine Ernte (z.B. 'Goldparmäne').

Wurzelaustriebe entfernen
Stockausschläge, die unterhalb von Veredlungsstellen entstehen bzw. Wurzelschosse, die sich über den Garten verbreiten, beizeiten entfernen, da sie sonst verholzen und immer mehr werden.
Diese Wildtriebe aber nicht abschneiden sondern bis zu ihrer Entstehungsstelle frei legen und mit kurzem Ruck an der Wurzel abreißen.

Umveredlungen nachbehandeln
Die im April/Mai aufgesetzten Edelreiser treiben meist nach 4–6 Wochen aus. Gleichzeitig entstehen unterhalb der Pfropfköpfe zahlreiche »Wildtriebe«, d.h. Triebe der alten Sorte, die wir mit einem kurzen Ruck abreißen; nicht schneiden, sonst treiben sie erneut aus. Unterbleibt dies, werden die austreibenden Edelreiser von diesen starkwachsenden Trieben überwuchert. Unterhalb der Pfropfköpfe soll der Stamm beziehungsweise Ast bis auf etwa Handlänge frei von solchen Austrieben sein. Tiefer angesetzte Wildtriebe werden dagegen lediglich entspitzt, damit sie nicht allzusehr »ins Kraut schießen«. Dadurch kommt der Wasser- und Nährstoffstrom vorwiegend den Edelreisern zugute; deren Austrieb wird dadurch gefördert.

Gleichzeitig wird in diesen Wochen der Bast an den Pfropfköpfen mit einigen Längsschnitten durchgetrennt, damit die austreibenden Edelreiser nicht eingeschnürt werden.

Ein Netz schützt die Kirschen vor Vogelfraß

JUNI

Spalierbäume entspitzen

Diese Arbeit, auch Pinzieren genannt, führen wir nacheinander durch, weil sich die Triebe nicht gleichzeitig entwickeln. Kräftige, an den Spalierästen gebildete Jungtriebe, entspitzt man auf 5 Blätter, schwächere auf 3 Blätter. Dadurch kräftigen sich die unteren, nach dem Entspitzen verbliebenen Augen. Aus ihnen entsteht später Fruchtholz, das dicht an den Spalierästen sitzt. Die Verlängerungen des Stammes und der Spaliergäste werden nicht entspitzt, sie sollen weiterwachsen.

Erdbeeren zum »Hineinbeißen«

»Junifruchtfall« setzt oft schon Ende Mai ein und hat ganz natürliche Ursachen: der Baum kann bei starkem Fruchtansatz die vielen Früchte nicht ernähren. Bei Trockenheit werden allerdings mehr Früchte abgestoßen als nötig. Deshalb rechtzeitig wässern.

Erdbeeren wässern

Inzwischen ist die Ernte in vollem Gange. Damit sich auch die letzten Früchte gut entwickeln können, bei anhaltender Trockenheit unbedingt wässern. Dabei mit Schlauch oder Gießkanne (ohne Brausekopf) zwischen den Pflanzen gießen oder Tropfschläuche zwischen die Reihen legen.

Nur in den Morgenstunden gießen, damit die Pflanzen rasch abtrocknen; andernfalls würde der Grauschimmelbefall gefördert. Bereits befallene Früchte bei der Ernte abnehmen und vom Beet entfernen. Ausläufer entfernen, es sei denn, wir benötigen sie zur Nachzucht. Sie kosten der Pflanze unnötige Kraft, d.h. sie entwickeln sich auf Kosten der Fruchtbarkeit.

Kirschenernte

Vorher Holzleiter überprüfen, denn durch morsche Sprossen entstehen immer wieder schwere Unfälle. Nur mit Eisenspitzen unten an den Holmen steht die Leiter sicher. »Wurmige« Kirschen, verursacht durch die Kirschfruchtfliege. Dies läßt sich auch ohne Spritzung weitgehend vermeiden, wenn wir je nach Größe des Baumes zwei bis zehn »Rebell«-Kreuzfallen oder gelbe Leimtafeln in den südlichen, westlichen und östlichen Kronenbereich hängen. Der Flug dieses Schädlings beginnt, wenn sich die Kirschen von Grün nach Gelb verfärben, d.h. die Fallen sollen zu diesem Zeitpunkt aufgehängt werden.

Weinreben

Sobald die Blütenstände (Gescheine) zu erkennen sind, die Triebe 2–3 Blätter über dem Blütenstand abschneiden. Ruten ohne Geschein ausbrechen oder bis auf 2 Blätter einkürzen. Auf keinen Fall zu viele Triebe und Laub entfernen, da die Blätter der Fruchtentwicklung dienen. Triebe, die sich

JUNI

Weinspalier nach dem Sommerschnitt. Blätter und Trauben bekommen reichlich Sonne

anschließend aus den Blattachseln entwickeln (Geiztriebe), im Juli einkürzen.

Pflanzenschutz

Bei schorfempfindlichen Apfel- und Birnsorten je nach Witterung etwa drei Wochen nach der letzten Behandlung nochmals mit einem zugelassenen organischen Pilzbekämpfungsmittel (Fungizid) spritzen.
Inzwischen treten auf den Birnblättern orangefarbene Flecken auf: Birnengitterrost, eine Pilzkrankheit, die schwer zu bekämpfen ist. Evtl. Spritzungen im Mai/Juni; wirksames zugelassenes Mittel im Fachgeschäft erfragen. Da der Pilz nur im Sommer auf den Birnblättern lebt, jedoch auf einigen Wacholderarten überwintert, müßte man diese im Umkreis von etwa 100 m entfernen, vor allem in der Hauptwindrichtung, weil die Sporen vom Wind verweht werden.

Von Mehltau befallene Triebspitzen, wie sie an einigen anfälligen Apfelsorten auftreten, brauchen wir dagegen nur Anfang Juni bis auf den gesunden Triebteil wegzuschneiden. Bei dieser Krankheit kommt man im Haus- und Kleingarten ohne chemische Bekämpfung gut zurecht.

Bei Stachel- und Johannisbeeren tritt nach längerem Regenwetter häufig die Blattfallkrankheit auf: Die Blätter werden gelblich, bekommen erst kleine, dann größere schwarze Flecken und fallen ab. Vorbeugende Bekämpfung: Sträucher bzw. Kronen der Hochstämmchen licht halten (Schnitt), ausreichende Pflanzabstände, robuste Sorten. Ansonsten bei ersten Anzeichen mit zugelassenem Fungizid spritzen. Auch Schachtelhalmtee soll vorbeugend wirken.

51

JULI

Der Sommer auf seinem Höhepunkt

Die Ferienzeit beginnt, und über die Straßen wälzt sich der schier endlose Strom von Urlaubern. Glücklich, wer seine Urlaubsreise auf andere Monate verlegen und die heißen Sommertage im Garten verbringen kann. Hier sind wir noch ganz Mensch, können in kurzer Hose »gartln« – barfuß, um die Erde an den Füßen zu spüren. Hier können wir fern von allem Trubel den Morgentau erleben. Ein Tip: Gehen Sie in Ihrem Garten-Urlaub einmal früh zu Bett, um dann am frühen Morgen bereits richtig munter zu sein. Sie werden

Ein sommerlicher Garten, in dem es üppig grünt und blüht

staunen, was es da im Garten alles zu »entdecken« gibt! Und – herrlich, die morgendliche Frische!

Können wir auch wegen der Schulferien unserer Kinder dem sommerlichen Urlaubshexenkessel nicht ganz entrinnen, wollen wir so planen, daß im Anschluß an eine meist strapaziöse Besichtigungsreise noch eine Erholungswoche im Garten verbleibt. Garantiert, das wird ein Genuß. Wir entdecken unseren Garten ganz neu und freuen uns über die Annehmlichkeiten des Zuhauses. Auch das ist ein Vorteil einer Reise: wir erleben, daß überall nur mit »Wasser gekocht« wird, und daß wir es zu Hause eigentlich recht schön haben.

Der Sommer hat nun seinen Höhepunkt erreicht, wir können eine Fülle von Gemüse und Beerenobst ernten. Die Sommerblumenpflanzung ist längst zusammengewachsen und leuchtet in kräftigen Farben, gerade so, als hätte ein Maler die Farbtupfen mit dem Pinsel verteilt.

Auch bei den Stauden ist die große Zeit der Sommerblüher gekommen. Der erste Auftritt des Rittersporns geht zu Ende, während die farbenfrohen Sommerphloxe, die Weiße Sommermargerite und die Brennende Liebe in voller Schönheit aufleuchten. Dazu gesellen sich tiefblauer oder blau-weißer Eisenhut, bronzefarbene und kupferrote Sonnenbraut und das leuchtendgelbe Sonnenauge. Lange blüht noch die Rittersporn-Sorte 'Völkerfrieden', die sich durch ein gutes Nachblühen auszeichnet. Im lichten Schatten kommen zu den duftigen Astilben die mächtige, weiße Gestalt des Waldgeißbarts und die schlanken, eleganten Silberkerzen. An trockenen Stellen blühen in Gelb die mächtigen Kandelaber der Königskerzen, umgeben von Mädchenhaargras, dessen lange Grannen sich im leisesten Windhauch wiegen.

Sobald das erste Laubblatt sichtbar wird, Stiefmütterchen pikieren; ebenso *Bellis* und andere

Ziergarten

Zweijahresblumen aussäen

Wenn nicht bereits im Juni geschehen, ist in der ersten Monatshälfte noch Zeit für die Aussaat von Stiefmütterchen, Vergißmeinnicht, gefüllte Gänseblümchen *(Bellis)*, Goldlack, Bartnelken, Marienglockenblumen, Nachtviolen, Stockrosen bzw. -malven *(Alcea)* oder Fingerhut. All diese Arten gehören in einen farbenfrohen Blumengarten, besonders aber sind es die zuerst genannten, ohne die Frühlingspflanzungen zusammen mit Tulpen, Hyazinthen

JULI

und Narzissen kaum denkbar sind. Stiefmütterchen beginnen bereits im Spätherbst zu blühen und setzen dies im zeitigen Frühling fort. Über die verschiedenen Rassen und Sorten in verschiedenen Farben kann man sich in Katalogen oder im Fachgeschäft informieren. Was bei der Aussaat von Stiefmütterchen zu beachten ist, siehe unter »Juni«.

Sommerblumen
Sie befinden sich nun in voller Blüte. Damit das Blühen bis in den Herbst hinein anhält, geben wir alle zwei bis vier Wochen eine schwache Düngerlösung, vor allem bei reichblühenden Arten wie Fleißiges Lieschen, Begonien, Salvien, Astern, Zinnien oder Löwenmaul. Dies ist nicht nötig, wenn bereits bei der Pflanzung ein umweltschonender Langzeitdünger wie zum Beispiel Osmocote verwendet wurde, da die Wirkung etwa 5 Monate lang anhält. Auch organisch-mineralische Volldünger wirken lange, so daß ein Nachdüngen kaum erforderlich ist. Besonders bei großblumigen Sommerblumen, aber auch beim bodendeckenden Duftsteinrich *(Alyssum maritium)* alles Verblühte laufend abschneiden, denn jeder Samenansatz geht auf Kosten der weiteren Blüte.

Stauden
Auch hier entfernen wir alles Verblühte, damit sich eine Nachblüte entwickeln kann. Rittersporn bereits im Verblühen bis auf Handbreite über dem Boden herunterschneiden, düngen und auf Schnecken achten, von denen sonst der junge Austrieb abgefressen wird. Bei Sonnenauge *(Heliopsis)*, das Anfang Juli zu blühen beginnt, nicht nur den Samenansatz verhindern, sondern reichlich Blüten für bunte Sommersträuße schneiden; um so länger blüht dann diese wertvolle Staude nach. Sommermargeriten, Feinstrahl *(Erigeron)* und Salbei zurückschneiden, damit sie erneut Blütenknospen ansetzen. Bei höherwachsende Stauden, die nicht genügend standfest sind, ziehen wir die im Frühjahr aufgelegten käuflichen Pflanzenstützen nach oben oder verhindern mit einem Stab und Schnur oder Drahtring, daß sie umfallen, es sei denn die Stauden stützen sich bei engerer Pflanzung selbst genügend. Jetzt ist die beste Pflanzzeit für Bartiris. Die dicken Rhizome dürfen nur soweit in den Boden gedrückt werden, daß ihre Oberseite noch herausschaut. Sie bilden bei Juli-Pflanzung bis zum Herbst reichlich Wurzeln aus, so daß sie auch einen strengen Winter gut überstehen. Zu dichte Irishorste, die mit dem Blühen nachlassen, werden geteilt. Dabei wird, wie bei anderen Stauden auch, das Innere auf den Kompost gebracht und nur die äußeren, jüngeren Rhizomstücke neu aufgepflanzt, wobei man lange Wurzeln und die Blätter um die Hälfte einkürzt.

Bei Rosen alles Verblühte mitsamt zwei darunter befindlichen Blättern wegschneiden. Bald entwickelt sich ein Neutrieb und eine zweite Rosenblüte, die oft bis in den späten Herbst andauert. Voraussetzung ist allerdings, daß die Pflanzen ihr gesundes Laub behalten. Gegen Pilzkrankheiten, vor allem Sternrußtau, vorbeugend spritzen wie bereits in den Vormonaten empfohlen. Bei anhaltender Trockenheit abends durchdringend wässern, aber so, daß die Pflanzen selbst trocken bleiben.

Die Gießarbeit kann man sich weitgehend ersparen, wenn der Boden unter den Rosen gemulcht wird. Dazu eignet sich kurzer Rasenschnitt aber auch Rindenhumus, nicht aber Rindenmulch. Die Rosen fühlen sich unter einer solchen Bodenabdeckung den Sommer über sichtlich wohl. Die Erde bleibt gleichmäßig locker und feucht.

Rasen und Blumenwiese
Man braucht jetzt nicht mehr so oft wie noch im Juni zu schneiden. Der Mäher sollte auf 3–5 cm Schnitthöhe eingestellt werden, bei tieferem Schnitt vertrocknet ein Teil der Gräser. Zeigt der Rasen nicht mehr das gewünschte saftige Grün kann mit einem Stickstoffdünger wie

schwefelsaurem Ammoniak oder Ammonsulfatsalpeter nachgeholfen werden. Man gibt 20 g/m², also eine knappe halbe Handvoll. Möglichst gleichmäßig streuen, da sonst »Wolkenbildung« auftritt, d.h. hellere Stellen, an die zu wenig Dünger gekommen ist und saftiggrüne wechseln ab. Bei Überdosierung kommt es zu Schäden. Bei kleinen Flächen lohnt es sich, den Dünger in einer entsprechenden Wassermenge aufzulösen. Dadurch ist eine sehr gleichmäßige Verteilung möglich. Außerdem kommt der Dünger rasch zur Wirkung, der Rasen ist bereits nach zwei Wochen saftig-

Rittersporn bereits im Abblühen bis handbreit über dem Boden herunterschneiden

> Urlaubsvorbereitungen: Vor der Abreise möglichst viele Unkräuter entfernen, auch die noch kleinen, sonst blühen sie nach der Rückkehr oder haben bereits Samen angesetzt. Im Frühjahr gepflanzte Gehölze gründlich wässern, auch Rosen und Stauden. Möglichst eine Mulchdecke aus kurzem Rasenschnitt aufbringen, damit der Boden feucht bleibt. Schön, wenn man mit seinen Nachbarn ein gutes Verhältnis hat. Sicher sind sie bereit, das Nötigste während der Abwesenheit zu erledigen, vor allem bei anhaltender Trockenheit zu gießen und einmal zu mähen, damit der Rasen nicht gar zu lang wird.

grün. Wer auf einen perfekten Rasen keinen Wert legt, kann sich dies alles sparen. Wer nicht düngt, braucht auch nicht so oft zu mähen. Im eigenen Garten bevorzuge ich eine solche pflegeleichte »Kreuzung« zwischen Rasen und Blumenwiese, die seit vielen Jahren nicht gedüngt und deshalb nicht allzuoft gemäht zu werden braucht. Sie kann, im Gegensatz zur Blumenwiese das ganze Jahr hindurch betreten werden, wobei im Frühjahr und Frühsommer lediglich genügend breite Gassen zwischen den besonders reich blühenden Flächen hindurch gemäht werden. Ab Anfang Juli, wenn das Blühen zu Ende ist, wird die gesamte Fläche regelmäßig alle paar Wochen gemäht. Auch in einer richtigen Blumenwiese geht das Blühen zu Ende, die Samen sind ausgefallen. Wir mähen mit einer Sense oder einem Balkenmäher.

JULI

Gemüsegarten

Ernte
Nach den Frühgemüsearten beginnt jetzt auch bei den im Mai ausgepflanzten die Ernte. Neben verschiedenen Salatarten (Kopfsalat, Eissalat, Römischer Salat, Pflücksalat) und Wirsing, Blumenkohl, Frühweiß- und -rotkohl (Weiß- und Blaukraut), die bereits ab Juni geerntet werden konnten, sind jetzt auch Buschbohnen, Frühmöhren (Gelbe Rüben), Rettiche, Frühlingszwiebeln, Schalotten und Perlzwiebelchen, Gurken, Zucchini, Paprika und Neuseeländer Spinat an der Reihe. Gegen Ende des Monats folgen dann die ersten Tomaten. Der Erntesegen ist oft überreich, doch wir können einen Teil davon für den Winter tiefgefrieren oder an Freunde verschenken, denen wir damit sicherlich eine Freude machen.

Frühkartoffeln ernten, immer nur soviel als gerade benötigt werden, da sie nicht lange haltbar sind. Der richtige Zeitpunkt ist gekommen, wenn die Schale schon etwas fest, das Laub aber noch grün ist. Der Boden befindet sich nach Frühkartoffeln in einem vorzüglichen Garezustand; ideal für Erdbeeren als Folgekultur.

Buschbohnenernte. Hier die delikate Sorte 'Delinel'

Besonders im Sommer beliebt: Knackiger Eissalat

Säen
Auf freigewordene Beete im ersten Monatsdrittel Möhren (Frühsorten), Buschbohnen, Zuckerhut, Fenchel, Rettiche und Radieschen säen. Chinakohl in der zweiten Junihälfte, Weiße Frühlingszwiebeln erst gegen Ende des Monats säen. Buschbohnen sollten dagegen bis spätestens 10. Juli gelegt sein, da sie sonst in manchen Gegenden nicht mehr vollständig abgeerntet werden können. Wenn zu wenig Platz vorhanden

JULI

ist, um den wertvollen Zuckerhut in Reihen auf das Beet zu säen, geben wir je einige Samen in kleine Töpfchen, verziehen nach Aufgang und bringen die kräftigen Pflanzen erst im August auf ein inzwischen frei gewordenes Beet. Ähnlich platzsparend ist dies bei Fenchel möglich. Auch Rettiche können immer einmal wieder auf dem Saatbeet ausgesät und erst nach voller Ausbildung der beiden Keimblätter auf ein Beet gepflanzt werden. Natürlich sollte man dazu immer einen regnerischen oder zu mindest bewölkten Tag abwarten.

Pflanzen

Den ganzen Juli über können Kopfsalat, Eissalat, Endivie, Spätkohlrabi, Knollenfenchel und Frühsorten von Blumenkohl und Wirsing ausgepflanzt werden. Bei Endivie kürzen wir dabei die zu langen Wurzeln und die Blätter etwas ein. Die auf dem Saatbeet verbliebenen Endivienpflanzen kann man auf 10 cm Abstand pikieren. Sie wachsen dann zu kräftigen Pflanzen heran und können im August mit Wurzelballen auf ein Gemüsebeet oder im September ins Frühbeet gepflanzt werden, nachdem die Gurken abgeerntet sind.

Saatbeet

Hier können noch Kopfsalat, Endivie, Grünkohl, Rote Rüben und Rettiche ausgesät und später ausgepflanzt werden.

Zuckermais rechtzeitig ernten

Dieses Feingemüse schmeckt nicht nur, eine Reihe Zuckermais gibt auch einen guten Windschutz für Gurken und andere windempfindliche Pflanzen. Geerntet wird, wenn die an den weiblichen Kolben befindlichen Fäden eingetrocknet sind und sich braunschwarz verfärbt haben. Wer zu spät erntet bekommt harte Körner, denen es an der typischen Süße fehlt. Also probieren!

Gewächshaus

Bei Gurken werden die Mitteltriebe an Schnüren hochgeleitet oder man steckt Stäbe bei, an denen man den Mitteltrieb immer einmal wieder anbindet. Bis auf 80 cm Höhe sollten sich am Haupttrieb keine Gurken entwickeln. Sobald der Gewächshausgiebel erreicht ist, werden die Pflanzen gekappt. Die sich inzwischen entwickelten Seitentriebe kürzen wir auf eine Frucht und ein Blatt ein. Hohe Erträge schlanker kernloser Treibhausgurken erzielt man z.B. bei der Sorte 'Bella'. Diese ist gegen Pilzkrankheiten robust und auch gegen absinkende Nachttemperaturen bei weitem nicht so empfindlich wie manch andere. Weiterhin regelmäßig düngen wie im Juni empfohlen.

Bei Zuckermelonen muß der Fruchtansatz bis Mitte August erfolgt sein; dann werden die Nächte bereits kühler. Besonders gut entwickelt sich diese wärmeliebende Kultur, wenn der Boden vor dem Pflanzen mit schwarzer Mulchfolie oder

Rettiche lassen sich nicht nur säen, sondern auch pflanzen. Dadurch wird die Entwicklungszeit auf dem Beet verkürzt

57

JULI

Garten im Juli. Viele Obst- und Gemüsearten können jetzt geerntet werden

später mit Rasenschnitt bedeckt wurde. Werden die Pflanzen an Maschendraht oder Baustahlgeflecht hochgeleitet, bekommen die Blüten und Früchte noch mehr Sonne ab. Den Mitteltrieb wie bei Gurken kappen, damit sich Seitentriebe mit vielen weiblichen Blüten entwickeln.

Tomatenblüten werden besser befruchtet, wenn wir die Pflanzen während der Mittagsstunden rütteln. Dadurch fällt der Pollen auf die Narben und es kommt zu besserem Fruchtansatz. Außerdem für reichlich Luft sorgen, wöchentlich schwach düngen und die Seitentriebe (Geiztriebe) laufend ausbrechen. Beim Gießen darauf achten, daß die Blätter möglichst nicht naß werden (Pilzkrankheiten!). Das Glashausklima fördert aber nicht nur das Wachstum, sondern auch Schädlinge. Vor allem Weiße Fliege und Spinnmilben treten auf. Erstere finden wir vor allem an Gurken, Tomaten, Paprika und Auberginen. Die Bekämpfung kann mit der Erzwespe *(Encarsia formosa)*, auch als Schlupfwespe bekannt, erfolgen. Spinnmilben schädigen die gleichen Pflanzen, außerdem Stangenbohnen. Vorbeugende Bekämpfung mit Gelbsticker und Raubmilben. Raubmilben saugen die erwachsenen Tiere und deren Eier aus; sie können über verschiedene Versandfirmen bezogen werden. Damit diese Nützlinge aktiv werden können, sind Mindesttemperaturen von 15°C nötig, ihr Einsatz ist also nur im Gewächshaus sinnvoll.

Sonstige Arbeiten:
Kopfdüngung bei Kulturen, die über einen längeren Zeitraum auf den Beeten verbleiben wie Tomaten, Gurken, Zucchini, Kohlarten, Sellerie und Porree. Spätkohl und Porree anhäufeln. Seitentriebe bei Tomaten entgeizen, die unteren 2–3 Blätter entfernen und den Boden möglichst vor Beginn der sommerlichen Hitze mit kurzem Rasenschnitt mulchen.

JULI

Obstgarten

Wässern

Bei anhaltender Trockenheit werden erst nur einzelne dann aber immer mehr Blätter gelb und fallen ab. Um dies zu vermeiden, bereits bei den ersten Anzeichen durchdringend wässern, weil sonst Früchte abfallen oder klein bleiben. Besonders bei den flachwurzelnden Spindelbüschen, Wandspalieren und Beerensträuchern sollte damit nicht zu lange gewartet werden.

Sommerschnitt

Meist ist im ersten Monatsdrittel der günstigste Zeitpunkt um an Jungbäumen, Spindelbüschen, Obsthecken und frei gezogenen Wandspalieren den Sommerschnitt durchzuführen. Dabei werden vor allem die Konkurrenztriebe sowie auf den Astoberseiten entstandene und ins Kroneninnere wachsende Triebe entfernt. Wir schneiden alle Triebe weg, die beim winterlichen Obstbaumschnitt ohnehin entfernt werden müßten. Die verbleibenden Triebe werden dadurch gefördert, eine junge Krone ist schneller aufgebaut, denn der Saft-Nährstoffstrom gelangt nach erfolgtem Sommerschnitt nur noch in die ver-

Vor und nach dem Sommerschnitt. Die freigestellten Leitäste sind gut erkennbar

JULI

bleibenden und erwünschten Triebe. Gleichzeitig binden wir beim Sommerschnitt alle Triebe, die etwas schräg nach oben aber nicht zu dicht stehen, waagrecht, soweit sie nicht zum Kronenaufbau benötigt werden. Dadurch wird das Wachstum gebremst und die Blütenknospenbildung gefördert.

Süßkirschen schneiden

Dies geschieht am besten bei oder nach der Ernte. Vor allem zu hoch und dicht gewordene ältere Süßkirschenbäume werden jetzt ausgeglichtet und der Gipfel bis auf tieferstehende Äste zurückgesägt. Dadurch wird die Ernte im nächsten Jahr erleichtert. Bei dieser Obstart ist die Wundverheilung jetzt besser als etwa bei winterlichem Auslichten. Auch dem Gummifluß (Harzfluß) wird vorgebeugt, wenn solch grobe Schnittarbeiten im Sommer ausgeführt werden.

Sommerveredlungen

Unbefriedigende Pfirsichsorten können wir durch Okulation von einjährigen Trieben, die auf den Ästen entstanden sind, umveredeln. Bei Süßkirschen ist dies durch Pfropfen hinter die Rinde möglich, sobald gegen Monatsende kräftige, genügend ausgereifte Triebe der gewünschten Sorte vorhanden sind.

»Wurmige« Äpfel

Sie werden durch den Apfelwickler verursacht, dessen zweite, besonders schädliche Generation im Juli fliegt. Wenn nur etwa 20% des Fruchtansatzes befallen werden, ist dies nicht schlimm, denn wir brauchen die Früchte im eigenen Haushalt nur auszuschneiden und können sie dann verwerten. Eine Spritzung lohnt im Garten nicht, vor allem erfordern wirksame Mittel eine längere Wartezeit, die wegen der erntereifen Kulturen kaum eingehalten werden kann. Eine andere Möglichkeit: Schlupfwespen *(Trichogramma dendrolimi)* einsetzen. Die Puppen des Nützlings werden in Schächtelchen verschickt. Je 12–15 m^2 Standfläche benötigt man 1 Versandeinheit, wobei die Puppen in den Baumkronen verteilt werden.

Erdbeeren. Die Beete sollten nur zwei, höchstens drei Jahre stehenbleiben. Am ertragreichsten sind die Pflanzen im zweiten Jahr. Von den bereits während der Blüte gekennzeichneten Mutterpflanzen nehmen wir je Ausläufer nur die beiden größeren Jungpflanzen ab. Sie haben meist schon Wurzelansätze, so daß sie nach dem Pikieren in flache, mit Torfkultursubstrat gefüllten Obststeigen rasch weiterwachsen. Auf 8 × 8 cm Abstand pikieren, angießen, Kistchen mit »wachsender« Schlitzfolie tunnelartig überspannen, und leicht schattig aufstellen. Möglichst bereits Ende Juli/Anfang August auspflanzen, denn: je früher die Pflanzung, desto höher der Ertrag im ersten Jahr. Reihenabstand 50–60 cm, Abstände in der Reihe 30 cm bei stark-, 20 cm bei schwachwachsenden Sorten.

Reichtragende Johannisbeersorte 'Traubenwunder'

JULI

Bei Erdbeeren, die ein weiteres Jahr stehen bleiben sollen, nach Beendigung der Ernte altes Laub abmähen; die Pflanzen treiben rasch neues Laub, das frei von Pilzkrankheiten ist. Anschließend Unkraut entfernen, Boden oberflächlich lockern und düngen. Organisch-mineralischen Volldünger nach Angaben auf der Packung ausbringen und einarbeiten. Bei Blau-Volldüngern die Gesamtgabe von etwa 80 g/m^2 auf 2–3 Gaben im Abstand von je 3–4 Wochen verteilen, d.h. jetzt eine 1. Gabe von etwa 30 g/m^2 ausbringen.

Himbeeren

Abgetragene Ruten sofort nach der Ernte dicht über dem Boden abschneiden. In Verbindung mit einer Mulchdecke ist dies der beste vorbeugende Schutz gegen die Himbeerrutenkrankheit. Von den jungen Ruten sollten je laufenden Meter Pflanzreihe nur die 10–12 kräftigsten verbleiben. Sie werden einzeln am Spanndraht angebunden. Die überzähligen schwächeren Triebe, die sich außerhalb der Reihe entwickelt haben, reißt man aus. Nicht abschneiden, da sich sonst aus bodenständigen Augen neue Triebe entwickeln.

Sonstige Arbeiten:

Äpfel frühreifender Sorten wie 'Klarapfel', 'Stark Earliest', oder 'Mantet' bis zur Eßreife am Baum hängen lassen. Durch Drehen der Frucht prüfen, ob sich der Fruchtstiel löst. Warten wir mit der Ernte zu lange, werden die Früchte rasch mehlig und schmecken nicht mehr.
Frühbirnen wie 'Bunte Juli', 'Clapps' oder 'Trevoux' werden besser kurz vor der Baumreife geerntet.
Bei Spalierreben die Triebe 2–3 Blätter über den Blütenständen (Gescheine) zurückschneiden, soweit dies nicht bereits im Juni erfolgt ist. Anschließend die aus den Blattachseln entstehenden Triebe auf 2–3 Blätter einkürzen.
Lediglich die als Fortsetzung der Spalieräste vorgesehenen Langtriebe bleiben unbehandelt. Auf diese Weise bekommen die jungen Trauben mehr Licht und Sonne.
Jungtriebe von Brombeeren an den Spalierdrähten anbinden und die sich aus den Blattachseln entwickelten Geiztriebe auf zwei Blätter einkürzen.
Langtriebe von Kiwis an Spalierlatten oder Drähten in die gewünschte Richtung leiten oder jetzt auf 3–4 Blätter einkürzen.

AUGUST

»Hundstage« und erste Frühnebel

Auch die heißesten Tage des Jahres, die Hundstage, können uns nicht darüber hinwegtäuschen, daß der Sommer im August seinen Höhepunkt überschreitet. Tomaten und Gurken, Paprika und Zucchini sind zwar bei der Hitze so richtig in ihrem »Element«, doch auch bei diesen wärmeliebenden Kulturen kündigt sich bereits der nahende Herbst an. Die Tage werden merklich kürzer, und in manchen Gegenden liegen in den frühen Morgenstunden die ersten Nebel. Im Gemüsegarten können wir aus dem vollen schöpfen und die herrlichsten Salate zubereiten.

Auf die Beerenobsternte folgen jetzt frühreifende Apfel- und Birnsorten sowie Pflaumen. Bei Sauerkirschen, die vielfach erst zu Monatsbeginn reifen, warten wir zu, bis die Früchte mehr schwarz als rot sind. Erst dann entfalten sie ihr Aroma, gemischt aus Süße und Säure. Die Sommerblumenbeete sind auf dem Höhepunkt angekommen. Alle Arten stehen in voller Blüte, und es wird uns in diesen Wochen so richtig bewußt, daß gerade sie es sind, mit denen

Fröhlich leuchtend: Stauden und Sommerblumen in bunter Mischung

AUGUST

wir unseren Garten farbenfroh gestalten können. Im August leuchten sie in voller Farbenpracht auf, um dann bis zu den ersten Nachtfrösten hin allmählich zu verglimmen.

Auch so manche Stauden sorgen in diesen Wochen für kräftige Farbe, ganz gleich ob im Garten oder als bunter Strauß in der Vase. In voller Sonne blüht unentwegt die lila Katzenminze neben grauen Gräsern, goldgelben und roten Schafgarben, tiefviolettem Salbei, goldgelben Kamillen *(Anthemis tinctoria* 'Grallagh Gold') und hellblauen Edeldisteln. Unter den Prachtstauden zeigen sich vor allem diejenigen, die das Wort Sonne im deutschen Namen haben, von ihrer schönsten Seite: Sonnenhut *(Rudbeckia)*, Sonnenbraut *(Helenium)*, Sonnenauge *(Heliopsis)* und Sonnenblumen *(Helianthus)*. Dazu gesellen sich späte Phlox-Sorten, Goldruten *(Solidago)*, Sommerastern und noch so manche andere.

Im lichten Schatten beginnen rosa Herbstanemonen, blauer Eisenhut und weiße Silberkerzen zu blühen und auch ein wertvoller Bodendecker zeigt sich jetzt im lila Blütenschmuck: *Astilbe chinensis* 'Pumila'. Diese dem Boden flach anliegende und sich durch Ausläufer ausbreitende Astilbe ist außerordentlich robust. So ist sie im Gegensatz zu anderen Astilben recht unempfindlich gegen Trockenheit und den Wurzeldruck angrenzender Bäume und Sträucher.

Bei Stauden, Sommerblumen und Rosen alles Verblühte laufend entfernen

Ziergarten

Sommerblumen
Verblühte Teile laufend entfernen. Je regelmäßiger wir ausputzen, desto mehr neue Blütenknospen können sich entwickeln. Flüssig nachdüngen mit schwacher Lösung von Hakaphos, Mairol oder einem ähnlichen chlorfreien Volldünger, sofern nicht bereits bei der Pflanzung ein Langzeitdünger gegeben wurde.

Zweijahresblumen
Die im Juni/Juli ausgesäten Arten, allen voran die Stiefmütterchen, pikieren und später vorübergehend auf ein freigewordenes Gemüsebeet pflanzen, damit sich die Pflanzen bis Oktober kräftig entwickeln können. Erst nach den ersten Nachtfrösten bringen wir die Zweijahresblumen an die Stellen, an denen sie im Frühjahr beziehungsweise Frühsommer blühen sollen.

Stauden
Alles Verblühte herausschneiden, manche Arten blühen dann vereinzelt weiter. Iris können noch geteilt und neu aufgepflanzt werden. Auch bei Pfingstrosen ist dies jetzt möglich. Im allgemeinen will diese prächtige Staude aber an ihrem angestammten Platz uralt werden. Wenn unbedingt verpflanzt werden muß, dann im August. Teilstücke genau so tief oder flach pflanzen, wie sie vorher gestanden haben; andernfalls wartet man oft vergeblich auf Blüten.

Ende August ist Pflanzzeit für Kaiserkronen und Madonnenlilien. Knollen von Kaiserkronen 25–30 cm tief in den Boden

AUGUST

Iris können im August geteilt und neu gepflanzt werden

legen, Madonnenlilien dagegen nur 10 cm tief pflanzen, so daß ihr Blattschopf über der Erde sichtbar bleibt.

Geranien (Pelargonien) vermehren

Von diesen beliebten Balkonpflanzen kann man jetzt Stecklinge mit etwa drei Blättern unterhalb eines Blattknotens abschneiden. Einen Tag lang liegen lassen, damit die Schnittflächen antrocknen, dann in Torf-Sand Gemisch (1:1) stecken, angießen und mit Schlitzfolie überspannen oder unter Glas zur Bewurzlung bringen. Die Folie soll nicht aufliegen, auch darf kein Schwitzwasser auf die Stecklinge tropfen, da sie sonst allzuleicht faulen.

Nadelgehölze pflanzen

Ab Mitte des Monats, wenn die große Sommerhitze zu Ende ist, können sowohl Neupflanzungen erfolgen als auch bereits im Garten befindliche Exemplare an eine andere Stelle gebracht werden. Ballen wässern, sorgfältig ausgraben, damit das Wurzelwerk weitgehend erhalten bleibt und auf kräftiger Folie an den neuen Platz ziehen. Vorher Pflanzloch vorbereiten, anstelle von Torf mit Rindenhumus und halbverrottetem Kompost pflanzen, kräftig angießen und gut verankern (schräger Pfahl, Spanndrähte). Auch für Rhododendren und andere Immergrüne ist jetzt Pflanzzeit.

Nadelgehölze schneiden

Dazu zählen vor allem Thujen- und Fichtenhecken. Wenn jetzt oder im September geschnitten wird, sind die Jungtriebe noch nicht allzusehr verholzt, so daß die Arbeit verhältnismäßig rasch vor sich geht. Ein neuer Austrieb erfolgt erst wieder im Mai des nächsten Jahres. Der Schnitt kann aber auch erst im kommenden Frühjahr erfolgen. Immer nur soweit zurückschneiden, wie grüne Teile vorhanden sind und auf konische Form achten.

Rosen

Auf Pilzkrankheiten achten und wenn nötig mit einem gegen Sternrußtau und andere Rosenkrankheiten zugelassenem Mittel spritzen. Nur so bleiben die Rosen gesund und blühen bis in den späten Herbst hinein. Eine Mulchdecke erspart Wasser und Gießarbeit.

Rasen

Nach Abklingen der sommerlichen Hitzeperiode ist die Zeit für eine Neusaat wieder günstig. Ansonsten regelmäßig, wegen der Hitze aber etwas länger als sonst schneiden.

> Ist der Rasen nach Rückkehr von der Urlaubsreise zu hoch geworden, sollte er möglichst bei trübem Wetter gemäht werden.

Jetzt Nadelgehölzhecken (Thujen, Fichten) schneiden

AUGUST

Gemüsegarten

Säen

Pflücksalat und Chinakohl in den ersten Augusttagen aussäen, Chinakohl am besten direkt aufs Beet säen und später auf 30 cm vereinzelnen. Der Chinesische Senfkohl 'Pak Choy' ähnelt in Aussehen und Anbau dem Chinakohl, hat aber breitere mangoldartige Blätter. Winterharte 'Weiße Frühlingszwiebeln' säen wir bis Mitte August. Die Pflanzen erreichen dann noch eine Höhe von etwa 15 cm und überwintern ohne Schaden. Ernte im nächsten Jahr ab Mitte Mai bis Juni. Inzwischen gibt es mehrere Sorten, die sich für die Überwinterung eignen. 'White Lisbon', eine besonders zarte Salatzwiebel, liefert im Frühjahr das begehrte Schlottengrün und im Frühsommer weiße, mildschmeckende Zwiebeln. Es hat sich bewährt, diese Zwiebeln in Mischkultur mit Feldsalat anzubauen: Abstand der Zwiebelreihen 30 cm, dazwischen zwei bis drei Reihen Feldsalat. Radieschen und Eiszapfen können ebenfalls noch gesät werden. Sie eignen sich vor allem als Zwischenkultur. Nachdem der Sommer zu Ende geht, nur Frühsorten verwenden. Auch 'French Breakfast' eignet sich, ein rot-weißes Radieschen, das wegen der Farbkombination recht lustig aussieht, dabei zart ist und rasch wächst. Radieschen wollen viel Sonne und sollten nur etwa 1 cm tief gesät werden, damit sie nicht länglich werden. Wenn wir sie nach dem Aufgang auf etwa 5 cm in der Reihe verziehen, können wir noch im Spätherbst gut geformte zarte Radieschen ernten. Beet mit Vlies oder Gemüsefliegennetz überdecken, damit eine Eiablage und »wurmige« Radieschen vermieden werden.

In der ersten Monatshälfte werden schwarze Winterrettiche oder »Münchner Bierrettiche« gesät, die sich ebenfalls für die Winterlagerung eignen.

Ab Mitte August sind Feldsalat und Spinat an der Reihe. Wenn das Beet unkrautfrei ist, kann

Schwarze Winterrettiche, jetzt gesät, können Ende Oktober eingelagert werden

Feldsalat breitwürfig gesät werden, sonst besser in Reihen. Dünn säen, d.h. nicht mehr als 2 g/m², damit sich die Pflänzchen gut entwickeln können. Dadurch ersparen wir uns viel Putzarbeit. Wenn Spinat gegen Monatsmitte dünn in Reihen gesät wird, kann bereits Ende September zum erstenmal geerntet werden. Anschließend bleibt die Kultur über Winter auf dem Beet stehen für weitere Ernten im nächsten Frühjahr.

AUGUST

Petersilie, im August ausgesät, bringt uns im nächsten Frühjahr das begehrte würzige Grün. Im Gegensatz zur üblichen Frühjahrsaussaat keimen die Samen jetzt sehr rasch und die Pflanzen entwickeln sich gesund, während sie bei Nässe und kühler Frühjahrswitterung oft kränkeln und gelbliche Blätter bringen. Jetzt gesäte Petersilie überwintert meist sehr gut und beginnt erst im nächsten Sommer zu blühen. Es genügt dann, wenn wir eine Frühjahrsaussaat erst im Mai, also verhältnismäßig spät vornehmen.

Auf Kohlweißlingsraupen achten, absammeln und zerdrücken. Bei stärkerem Befall und vielen Pflanzen mit Dipel spritzen. Dieses Mittel infiziert die Raupen mit einer Bakterienkrankheit, ist aber für Mensch und Tier unschädlich.

Pflanzen

Auf einem Saatbeet vorgezogene Kopfsalatpflanzen in den ersten Augusttagen auspflanzen. Das gleiche gilt für Winterendivie, Blumenkohl, Kohlrabi, Porree und vorkultivierten Knollenfenchel. Winterkopfsalat 'Maiwunder' gegen Ende August auf ein Saatbeet dünn aussäen, damit sich bis September/Oktober kräftige Pflanzen entwickeln können.

Kohlweißlingsraupen absammeln. Links: Auspflanzen von Zichorie 'Zuckerhut'

Tomaten

Weiterhin alle in den Blattachseln entstehenden Geiztriebe entfernen, sowie die unteren meist von der Krautfäule befallenen und inzwischen dürr gewordenen Blätter. Letzte Kopfdüngung geben. In Gegenden mit frühem Frost alle Blüten über dem 5. Blütenstand wegnehmen, Gipfeltrieb und Blätter belassen. So behalten die Pflanzen genügend Grün.

Gründüngung ausbringen

Freigewordene Beete, die nicht mehr bestellt werden, nicht leer stehen lassen. Deshalb Senf

AUGUST

oder eine Gründüngermischung aussäen, wie sie in den Fachgeschäften angeboten werden. Neben dem altbekannten 'Landsberger Gemenge' sind Mischungen verschiedener Pflanzen im Handel, die rasch wachsen, viel Blattmasse liefern und zudem noch recht attraktiv aussehen. Die Pflanzen werden nach den ersten Frösten oder auch schon vorher mit der Sichel abgemäht und untergegraben. Man kann die Gründüngungspflanzen aber auch auf den Beeten stehenlassen und die Pflanzreste erst im Spätwinter in den Boden einarbeiten. Dort kommen sie den Bodenlebewesen zugute und werden zu wertvollem Nährhumus. Gleichzeitig nehmen Gründüngungspflanzen die von früheren Kulturen noch im Boden vorhandene Nährstoffe auf und speichern sie den Winter über. Dadurch wird einem Auswaschen in tiefere Bodenschichten und einer Nitratanreicherung im Grundwasser vorgebeugt.

Gewächshaus, Frühbeet

Gurken weiterhin mit schwacher Nährlösung allwöchentlich düngen. An den Seitentrieben nur immer eine Frucht und ein Blatt belassen, alles übrige wegschneiden; bei Trockenheit reichlich gießen. Sollte jedoch kühle Witterung eintreten, dann mit Wasser zurückhaltend sein, da sonst ebenfalls Wachstumsstockungen auftreten können. Gurken rechtzeitig ernten, etwa mit 0,5 kg. Bleiben die Früchte zu lange hängen, so geht dies auf Kosten des weiteren Fruchtansatzes.

Bei Tomaten die sich in den Blattachseln bildenden Triebe ausgeizen. Pflanzen bei sonnigem Wetter in den Mittagsstunden schütteln. Dadurch fällt der Pollen auf die Narben, der Fruchtansatz wird gefördert. In der zweiten Augusthälfte auf dem Saatbeet vorgezogenen Kopfsalat oder Endivie pflanzen. Gewächshaus reichlich lüften. Bei Frühbeet nach dem Anwachsen der Pflanzen die Fenster abnehmen und erst im September, wenn es etwas kühler wird, wieder auflegen.

Auf frei gewordene Beete erneut Gemüse oder Gründüngung (hier: Senf) aussäen

Weitere Arbeiten:

Nochmalige Kopfdüngung bei Spätkohlarten, Sellerie, Porree, Tomaten, Stangenbohnen, Möhren und Schwarzwurzeln zu Monatsbeginn. – Zwiebeln ernten, sobald das Laub dürr geworden ist. Um dies zu beschleunigen kann man mit der Grabgabel die Wurzeln lockern. Auf keinen Fall sollte aber das Laub umgetreten werden, da sonst die Zwiebeln beschädigt würden und leicht faulen.

AUGUST

Obstgarten

Frühbirnen ernten; hier die Sorte 'Clapps Liebling'

Frühsorten ernten
Sobald sich die Äpfel und Birnen bei leichtem Drehen mitsamt Stiel vom Fruchtholz lösen und die Kerne braun sind, ist der richtige Erntezeitpunkt gekommen. Frühsorten können schon ein paar Tage vor der Baumreife abgenommen werden, ohne daß die Fruchtqualität leidet. Nach 'Klarapfel', 'Stark Earliest' und 'Mantet' reifen die Apfelsorten 'Roter Astrachan', 'Schöner von Bath', 'Discovery', 'Jamba' oder 'James Grieve'. Bei Birnen folgen nach 'Bunte Juli-Birne' die Sorten 'Clapps Liebling', 'Frühe von Trevoux' und ab Monatsende 'Williams Christ' und 'Stuttgarter Geißhirtle'. Am besten mehrmals durchpflücken, denn Frühobst reift nicht gleichmäßig. Außerdem reifen Pflaumen und Mirabellen.
Bei Pflaumen reifen 'Ontario', 'Bühler', 'Zimmers', 'Wangenheim', 'Oullins' 'Althans Reneklode', 'Chrudimer' und 'Nancy-Mirabelle'. Ebenso können im August verschiedene Pfirsichsorten geerntet werden.

Sommerbehandlung von Spalierobst
Haben die an den Ästen entstandenen Jungtriebe etwa Handlänge erreicht, werden sie pinziert, d.h. auf 2–3 Blätter eingekürzt. Dadurch entsteht kurzes Fruchtholz. Die Verlängerungen der Spaliereste bleiben dagegen ohne Rückschnitt. Bevor sie verholzen, binden wir sie an die waagrecht oder senkrecht verlaufenden Spalierlatten; jetzt sind sie noch weich und lassen sich in die gewünschte Stellung bringen.

Süßkirschen und Pfirsiche umveredeln
Bei Süßkirschen gelingt dies meist besser als im Frühjahr. Kurz vor dem Pfropfen hinter die Rinde wird der Baum abgeworfen und die Wunde jedes Pfropfkopfes mit einem Wundverschlußmittel verstrichen. Auch die Reiser – gut ausgereifte einjährige Triebe – sollten erst kurz vor dem Veredeln geschnitten und bis auf einen kurzen Blattstielstummel entblättert werden. Ist dies nicht möglich, wickeln wir sie in ein feuchtes Tuch ein und können sie für ein paar Tage im Kühlschrank lagern. Anschließend die Veredlungen mit Bast verbinden und mit Baumwachs verstreichen. Das Veredeln von Pfirsichen erfolgt dagegen durch Okulation. In kräftige, ausgereifte Jungtriebe der bisherigen Sorte werden dabei Augen der gewünschten Sorte eingesetzt. Dies sollte möglichst frühzeitig geschehen, sobald ausgereifte Augen vorhanden sind. Ebenso ist es möglich, einen aus dem Boden kommenden Wurzelschoß – bei absterbenden Pfirsichen erscheinen oft mehrere – zu okulieren und mit dem im nächsten Frühjahr entstehenden Austrieb eine neue Krone aufzubauen.

Sauerkirschen schneiden
Buschbäume oder Spaliere gleich nach der Ernte auslichten. Bei der beliebten Sorte 'Schattenmorelle' schneiden wir zusätzlich alle abgeernteten Triebe bis auf Jungtriebe

AUGUST

zurück, die an der Basis der abgetragenen Zweige entstanden sind.

> Der Schnitt nach der Ernte ist wichtig, da die 'Schattenmorelle' überwiegend am einjährigen Holz trägt. Bei Spalierbäumen bleibt der Baum durch diesen alljährlich wiederholten Rückschnitt dicht an der Hauswand.

Erdbeeren pflanzen

Je früher dies im August geschieht, desto höher ist der Ertrag bereits im nächsten Jahr. Da die Kultur meist 2–3 Jahre auf dem gleichen Beet verbleibt, lohnt es, den Boden sorgfältig vorzubereiten. Auch Monatserdbeeren, die sich vorzüglich als Beeteinfassung eignen, sollten nur ein paar Jahre stehen bleiben. Im Gegensatz zu den großfruchtigen Sorten werden sie durch Aussaat vermehrt. Samentütchen der bekannten Sorte 'Rügen' gibt es im Fachhandel.

Himbeeren und Brombeeren

Bei Himbeeren alle abgetragenen Ruten dicht über dem Boden abschneiden und Jungtriebe auslichten. Je Meter Himbeerreihe sollten nur 8–12 kräftige Jungtriebe verbleiben. Geiztriebe bei Brombeeren, also die in den Blattachseln entstehenden Jungtriebe, auf 1–2 Blätter einkürzen. Auf diese Weise entsteht kein Triebgewirr, die Pflanzen bleiben übersichtlich. Die aus dem Boden entstandenen Jungtriebe an den Spalierdrähten anbinden. Es genügen 4–6 solcher Triebe als Ersatz für die in diesem Jahr im Ertrag befindlichen, d.h. die zu vielen und schwächeren schneiden wir bodeneben ab. Brombeeren erst ernten, wenn die Früchte tiefschwarz sind; nicht zu früh abnehmen.

Beerensträucher auslichten

Im belaubten Zustand lassen sich zu dicht stehende Triebe besonders gut erkennen. Von roten Johannis- und Stachelbeersträuchern werden vor allem überalterte Triebe, erkennbar am dunklen Holz, dicht über dem Boden herausgeschnitten. Ebenso entfernen wir schwache und zu dicht stehende Triebe und solche, die beinahe dem Boden aufliegen. Schließlich schneiden wir alle aus dem Wurzelstock entstandenen Jungtriebe bis auf einen oder zwei besonders kräftige ab, die als Ersatz für die entfernten älteren Triebe dienen. Nach dem Auslichten sollte der Stock nur noch 8–12 kräftige gut verteilte Triebe haben. Ähnlich gehen wir bei Stachelbeeren vor. Hier sind die ein- und zweijährigen hellgrau gefärbten Triebe besonders wertvoll; dunkelgefärbte ältere Triebe werden in zu dichten Sträuchern bevorzugt entfernt, während bei roten Johannisbeeren die Triebe durchaus bis etwa fünf Jahre alt werden dürfen. Schwarze Johannisbeeren bringen den besten Ertrag an hellen einjährigen Trieben. Soweit nicht bereits bei oder unmittelbar nach der Ernte geschehen, schneiden wir jetzt die dunklen abgetragenen Triebe bodeneben ab, oder setzen sie auf einen Jungtrieb zurück.

Nach der Himbeerernte abgetragene Triebe entfernen

SEPTEMBER

Der Herbst bringt viele schöne Tage

Jetzt heißt es zwar Abschied vom Sommer nehmen und doch – wer von uns möchte den September aus dem Gartenkalender streichen? Die große Hitze ist vorbei, die Tage sind aber noch angenehm warm und es gibt in vielen Jahren lange Schönwetterperioden, so daß der Aufenthalt im Garten so richtig Spaß macht.
Das typische Septemberwetter entschädigt uns für so manchen schlechten Tag im Frühling oder Sommer. Unter Hochdruckeinfluß scheint die Sonne vom strahlend blauen Himmel, und dies nicht nur einen Tag, sondern oft eine ganze Woche hindurch und länger. Diese sonnigen Septembertage empfinden wir als geradezu ideal, denn jetzt fröstelt uns nicht bei der Arbeit wie an manchen Tagen im April oder Mai, andererseits ist es aber nicht mehr so unangenehm heiß wie im Hochsommer. Nur kurz kehrt dieser so um den 20. September herum nochmals zurück, als »Altweibersommer«.
Gerade der Herbst hat seine schönen Tage, und das gewiß nicht nur im übertragenen Sinne. Alles geht jetzt viel gelassener seinen Gang, nichts ist mehr so hektisch wie im Frühling oder Sommer, ähnlich wie im menschlichen Leben. Im September wird zwar kaum noch etwas gesät, dafür aber umsomehr geerntet. Herrlich schmeckende Obstsorten gehen in diesen Wochen der Reife entgegen und das Spätgemüse nimmt in den taufeuchten Morgenstunden an Gewicht und wertvollen Inhaltsstoffen zu.

Trotz des allmählich ausklingenden Gartenjahres steht in der Prachtstaudenpflanzung vom August her noch vieles in Blüte, und einige neue Arten kommen hinzu. Es sind dies vor allem die verschiedenen Herbstastern, angefangen von den niedrigen Kissenastern *(Aster dumosus)*, über die mittelhohen Glattblatt-

SEPTEMBER

Eine Freude für jeden Gartenfreund! 'Prinz Albrecht von Preußen' (Spindelbusch)

Ziergarten

Sommerblumen abräumen
Sobald der erste Nachtfrost den Sommerflor vernichtet hat, Fläche räumen und die Pflanzenreste auf den Kompost bringen. Anschließend pflanzen wir auf die freigewordenen Stellen Zweijahresblumen wie Stiefmütterchen, Vergißmeinnicht, großblütige Gänseblümchen (Bellis) die sich recht gut mit Tulpen kombinieren lassen.

Blumenzwiebeln legen
Vor allem Narzissen aber auch Kleinblumenzwiebeln wie Schneeglöckchen oder Frühlingsknotenblume (Leucojum vernum) sollten bereits jetzt gepflanzt werden, während wir uns mit den Tulpen noch Zeit lassen können. Hübsch sieht es aus, wenn die Narzissenzwiebeln vor einer Gehölzkulisse locker im Rasen ausgestreut und an diesen Stellen mit Hilfe eines Pickels in den Boden gebracht werden. Ein schmaler Narzissen-Streifen vor den Gehölzen genügt. Er kann beim Mähen so lange ausgespart werden, bis die Blätter vergilbt sind. Wer eine Blumenwiese bevorzugt, die ohnehin erst im Juli gemäht wird, kann die Narzissen auch über die ganze Fläche verstreuen.

astern (A. novi-belgii) bis hin zu den mächtigen Büschen der Rauhblattastern (A. novae-angliae). Ebenso beginnen ab September die Gartenchrysanthemen, auch als Winterastern bekannt, zu blühen, von denen in den Staudengärtnereien eine große Palette farbenfroher Sorten angeboten wird. Ihre Farbtöne passen gut zur herbstlichen Färbung von Baum und Strauch, außerdem sind Chrysanthemen haltbar und sehr attraktive Schnittblumen für die Vase.
Manche frostwiderstandsfähigen Sorten blühen bis weit in den November hinein und bringen Farbe in den Garten.

SEPTEMBER

Tulpenzwiebeln in Gitter-Container gelegt

Immergrüne Pflanzen
Für Nadelgehölze und immergrüne Laubgehölze wie Rhododendren ist jetzt ein günstiger Pflanzzeitpunkt. Das Pflanzloch doppelt so tief und breit wie der Ballen des Gehölzes ausheben. Rhododendren lieben leichten Schatten, hohe Luftfeuchtigkeit und sauren Boden. Nachdem wir mit Torf sparsam umgehen wollen, vermischen wir ihn mit Rindenhumus und halbverrotteter Komposterde. Auch kleingehackte Fichtenzweige eignen sich vorzüglich als Beigabe zur Pflanzerde.

Stauden pflanzen
Jetzt ist auch die Pflanzung von Stauden, die nicht in Containern herangezogen wurden, wieder möglich. Vorher den Boden gründlich vorbereiten, d.h. Dauerunkräuter wie Quecke oder Giersch gründlich entfernen und den Boden mit Komposterde und Rindenhumus verbessern.

Weitere Arbeiten:
Rasen regelmäßig schneiden, bei Bedarf düngen und wässern; günstiger Zeitpunkt für eine Neuansaat. – Soweit nicht bereits geschehen, Nadelgehölzhecken (Thuje, Fichte) schneiden. Dabei darauf achten, daß nur bis auf grüne Triebe zurückgeschnitten wird; andernfalls gibt es kahle Stellen. – Nach Rückkehr vom Urlaub möglichst rasch die inzwischen gewachsenen Unkräuter entfernen, damit diese nicht zum Blühen kommen. – Gartenabfälle auf den Komposthaufen bringen; grobe Teile wie Sonnenblumenstengel vorher häckseln, kleinhacken oder mit der Gartenschere zerkleinern.

> Hübsch wirken vor einer Gehölzkulisse einfach- und kleinblütige Narzissen wie z.B. die Dichternarzissen *(Narcissus poeticus)* während pompöse Zuchtformen nicht so recht in eine naturnahe Umgebung passen. Im Gegensatz zu Tulpen fühlen sich Narzissen und Frühlingsknotenblumen in frischem bis leicht feuchtem Boden besonders wohl.

Derselbe Gitter-Container in Blüte

SEPTEMBER

Gemüsegarten

Säen
Zu Monatsbeginn ist letzter Saattermin für Feldsalat. Samen nur wenig bedecken, mit dem Schaufelrücken andrücken und bis zum Aufgang möglichst feucht halten. Auf weitgehend unkrautfreiem Boden kann breitwürfig gesät werden, sonst besser in Reihen. Häufig überzieht die Vogelmiere im Spätherbst das ganze Beet, die bei Reihensaat besser bekämpft werden kann. Dünn säen, 1,5–2 g/m² Samen genügen. Andernfalls gibt es zu viele Pflänzchen und dadurch bedingt viel Putzarbeit bei der Ernte. Wer einige Feldsalatpflanzen im letzten Frühjahr stehen und blühen ließ, braucht diesen wertvollen Salat kaum auszusäen. In diesem Fall wächst über den ganzen Garten verstreut Feldsalat, unter den Spindelbüschen, zwischen Beerensträuchern, auf dem Staudenbeet und an anderen Stellen.

Spinat für die Frühjahrsernte kann noch gegen Mitte bis Ende des Monats gesät, sollte aber im Herbst nicht mehr gechnitten werden. Wertvolle winterharte Sorten sind zum Beispiel 'Vital-R', 'Monnopa' und 'Wiremona'.

Vitamin-C-reiche Gartenkresse in Reihen von 10-15 cm Abstand aussäen. Im Gegensatz zu anderen Aussaaten wird der Samen so dicht in die Rillen gestreut, daß der Boden völlig von den braunen Körnern bedeckt ist. Großblättrige Sorten sind ertragreicher als die gewöhnliche Kresse.

Die Salatrauke *(Ruca)* hat eine gewisse Ähnlichkeit mit Kresse. Dünn säen mit etwa 15 cm Reihenabstand. Ernten, wenn die Blätter 10–15 cm hoch sind und anderen Salaten als Würzkraut beimischen.

Auch frühe Sorten von Radieschen können Anfang September noch ausgesät werden. Da die Tage immer kürzer werden und es an Licht mangelt, sollten die Reihen 25 cm voneinander entfernt sein. In der Reihe auf 5–10 cm Abstand verziehen. Ähnlich wie im Frühjahr lohnt es sich jetzt wieder, Radieschen dicht in einem Saatkistchen auszusäen und nach Ausbildung der beiden Keimblätter auf die genannten Abstände zu pikieren.

Tomaten
Die Früchte an geschützten Stellen an den Pflanzen belassen und mit Folie bei Nachtfrostgefahr schützen. Da im

Und ob die schmecken! Tomaten aus dem eigenen Garten

SEPTEMBER

Bleichen von Endivie durch Auflegen von Kunststoffhauben

Endivie
Noch zu Monatsbeginn können kräftige Pflanzen mit möglichst ungestörtem Wurzelballen ausgepflanzt werden. Sollten sie sich infolge länger andauernder kühler Herbstwitterung nicht mehr voll entwickeln, kann man sie gegen Ende Oktober mit Wurzelballen aus dem Beet nehmen und im Frühbeet oder Gewächshaus unterbringen.

> Erntereifen Endivie bei trockenem Wetter satzweise – Bedarf für eine Woche – zum Bleichen zusammenbinden oder Kunststoffhauben überstülpen, es sei denn, die Blätter schieben sich bei verhältnismäßig enger Pflanzung gegenseitig hoch und bleichen dadurch von alleine.

Frühbeet und Gewächshaus
Die Gurken sterben allmählich ab und auch mit der Tomaten- und Paprikaernte geht es dem Ende zu. Auf die frei gewordene Fläche pflanzen wir Endivie sowie in Töpfchen vorgezogenen Zuckerhut, Chinakohl und Radicchio. Anfang August ausgesäte Frühsorten von Kopfsalat eignen sich vorzüglich für eine Spätkultur unter Glas. Auf diese Weise ernten wir Anfang November nochmals zarten

September meist nur wenige Frostnächte zu erwarten sind und dann häufig wieder eine Schönwetterperiode folgt, können noch viele Früchte reifen. Erst gegen Ende des Monats, beziehungsweise vor stärkeren Frösten alle Tomaten abnehmen und die noch grünen Früchte bei Zimmertemperatur in Flachsteigen nachreifen lassen; Licht ist hierzu nicht nötig.

Nachtfrostgefahr
Wenn kalte Nächte angesagt sind, dann muß man auch Gurken, Zucchini, Kürbisse und Paprika unbedingt ernten und in die Wohnung bringen. Gurken rasch verbrauchen, es folgen Paprika, während sich Zucchini und Kürbisse viele Wochen lang in einem kühlen, frostfreien Raum lagern lassen, ohne daß die Qualität nachläßt.

SEPTEMBER

Kopfsalat. Das gleich gilt für Radieschen. Entweder Frühsorten direkt unter Glas aussäen oder aber dicht in eine Saatschale säen, ins warme Zimmer stellen und nach Ausbildung der beiden Keimblätter unter Glas pikieren. Diese kleine Mehrarbeit lohnt sich, vor allem wenn wir die Sorte 'Sora' wählen. Bis in den November hinein können von 'Sora' auch im ungeheizten Glashaus große, leuchtendrote und butterzarte Radieschen geerntet werden.

Schnecken bekämpfen
Schnecken legen jetzt ihre Eier. Wenn wir sie nicht daran hindern, beginnt der Ärger im

Feldsalat, bis Oktober ins Frühbeet pikiert, kann den Winter über geerntet werden

SEPTEMBER

Reiche Ernte makelloser Birnen – ohne jede Spritzung – vom Wandspalier. Sorte: 'Gute Luise'

An feucht-schattigen bevorzugten Plätzen ebenfalls kleine Bretter auslegen, unter denen man Schnecken-Eier mühelos einsammeln und vernichten kann.

Weitere Arbeiten:
Unkräuter auf Beeten entfernen, die im August mit Feldsalat, Spinat und Frühlingszwiebeln bestellt wurden. Vor allem die Vogelmiere überzieht oftmals den ganzen Boden, weil sie selbst bei kühler Witterung zügig wächst. Von Rosenkohl, der infolge später Pflanzung noch keine Röschen angesetzt hat, Mitte September den Gipfeltrieb ausbrechen. Übrige Blätter aber schonen, da sie im Winter die Röschen vor Frost und Wind schützen.

Obstgarten

Ernte
Bei Äpfeln reifen 'James Grieve', 'Gravensteiner', 'Jakob Fischer', 'Jakob Lebel', 'Kalco' 'Prinz Albrecht von Preußen', 'Oldenburg', 'Cox Orangenrenette' und noch viele andere. Sie erreichen in diesen Wochen die Baumreife, d.h. es wird Zeit zum Pflücken.

Bei Birnen werden geerntet 'Charneu', 'Tongern', Vereinsdechant, 'Gellerts', 'Conference' und 'Gute Luise'. Baumreife Früchte lösen sich nach leichtem Drehen oder Anheben vom Fruchtholz. Sorgfältig ernten, denn nur gesunde, unbeschädigte Früchte lassen sich lagern. An Pflaumen reifen 'Althans Renklode', 'Bühler', 'Große Grüne Reneklode', 'Königin Viktoria', 'Hauszwetsche' und 'Italienische Zwetsche'.

nächsten Frühjahr erneut. Deshalb an Regentagen oder frühmorgens oder abends Schnecken ablesen. Als Falle zwischen den Gemüse- und Blumenbeeten alte Bretterteile auslegen, unter denen sich Schnecken gerne verstecken. Vor allem an feuchten, schattigen Stellen wie Kompostplatz, unter Bäumen, in Staudenpflanzungen legen Schnecken massenhaft Eier ab.

SEPTEMBER

Fallobst auflesen
Dies sollte möglichst täglich geschehen. Da es sich vielfach um »wurmiges« Obst handelt, kriechen bei längerem Herumliegen die Larven aus und verpuppen sich im Boden. Nach dem Auflesen kann Fallobst in der Küche verwertet werden.

Obstlagerung
Lagerraum vorbereiten, vor allem gründlich reinigen. Holzgestelle und Schubladen abbürsten oder mit Sodawasser waschen, nachspülen und an der Sonne trocknen lassen. Eventuell Wände mit frischem Kalkanstrich versehen. Wenn keine Obsthorden vorhanden sind, Flachsteigen besorgen, die im Supermarkt oder Lebensmittelgeschäft kostenlos zu haben sind. Das eingelagerte Obst des öfteren auf faule Früchte kontrollieren und diese entfernen.

Obsternte: Kisten mit Wellpappe ausschlagen

Die Fleischbräune ist beim Einlagern von Äpfeln und Birnen äußerlich nicht erkennbar. Sie läßt sich vermeiden, beziehungsweise verringern, wenn die Bäume nicht überdüngt und bei länger anhaltender Trockenheit gewässert werden.

Herbstpflanzung vorbereiten
Wer Apfel-, Birn-, und Zwetschenbäume pflanzen möchte, sollte dies möglichst im Spätherbst tun. Sie haben meist einen Wachstumsvorsprung gegenüber solchen, die erst im nächsten Frühjahr gepflanzt werden. Ein weiterer Vorteil: Im Herbst sind in den Baumschulen und Garten-Centern noch alle Sorten und Baumformen vorrätig; man kann aus dem Vollen schöpfen. Wer auswärts bestellen will, sollte dies bereits jetzt tun. Außerdem: Pflanzgruben oder Pflanzstreifen (Spindelbüsche, Obsthecken) vorbereiten.

Spalierbäume
Die an den Spalierästen von Apfel und Birne entstandenen Jungtriebe nochmals entspitzen (pinzieren). Leittriebe formieren und an den Spalierlatten anbinden. Zu Monatsbeginn sind sie noch im Saft und biegsam.

Erdbeeren
Letzte Teildüngergabe ausbringen, sofern nicht bereits nach der Ernte oder bei der Neupflanzung die benötigten Nährstoffe in Form eines langsam wirkenden organischen Volldüngers oder eines Langzeitdüngers wie Osmocote gegeben wurden.
Erdbeeren bilden schon jetzt die Blütenlagen für das nächste Jahr aus; dazu benötigen sie ausreichend Wasser und Nährstoffe.

Himbeeren
Soweit noch nicht geschehen, alte Ruten dicht über dem Boden abschneiden. Jungtriebe auslichten, so daß pro Meter Pflanzreihe nur 8–12 Stück verbleiben.

Weinstock
Die Triebe zu Monatsbeginn nochmals entgeizen, d.h. die in den Blattachseln entstandenen Triebe entfernen damit die Trauben reichlich Licht und Sonne bekommen. Frühreifende Sorten kann man gegen unerwünschten Vogelfraß mit Netzen schützen.

Brombeeren
Von den während des Sommers entstandenen Jungtrieben nur 4–6 je Pflanze belassen und aufbinden. Größere Seitentriebe, die an den jungen Ruten entstanden sind, wegschneiden, um ein Triebgewirr zu vermeiden.

Pflanzenschutz
Bei späten Sorten von Apfel und Birne eventuell zu Monatsbeginn gegen Lagerkrankheiten mit einem organischen Pilzbekämpfungsmittel spritzen. Andernfalls kann Lagerschorf auftreten.

OKTOBER

Goldene Sonne und reiche Ernte

Unaufhaltsam geht es jetzt der Zeit entgegen, da die Blätter fallen und im Garten die Arbeit ruht. Selbst der fröhlichste Gärtner könnte in diesen Wochen ein wenig melancholisch werden, könnte allzuleicht in eine Stimmung verfallen, wie sie Rainer Maria Rilke in seinem Herbstgedicht so meisterhaft wiedergibt: »...Wer jetzt kein Haus hat, baut sich keines mehr. Wer jetzt allein ist, wird es lange bleiben, wird in den Alleen hin und her unruhig wandeln, wenn die Blätter treiben...«. Aber Rilke läßt im gleichen Gedicht die Sonne nochmals aufleuchten, erinnert dankbar an den Sommer, den wir in all seiner Fülle erleben durften:
»...Herr, es ist Zeit, der Sommer war sehr groß, leg' Deinen Schatten auf die Sonnenuhren und auf die Fluren laß' die Winde los. Befiehl den letzten Früchten reif zu sein, gib ihnen noch zwei sommerliche Tage, treibe sie zur Vollendung hin und jage die letzte Süße in den schweren Wein...«.
Trotz länger werdender Nächte und Morgennebel wollen wir die schönen Seiten des Oktobers nicht übersehen: das Reifen der Früchte und Spätgemüse, das letzte Aufleuchten von Sommerblumen und Dahlien, ehe sie ein Nachtfrost knickt und die milde, spätsommerliche Wärme, über die wir uns an so manchem sonnigen Herbsttag freuen können.
Die Arbeit ist getan, jetzt bleibt Zeit zum feiern. Kirchweih-, Erntedank- und Winzerfeste fallen in den Oktober. Auch wir wollen dankbar sein, für das zu Ende gehende Gartenjahr, das wir in all seiner Fülle erleben durften. Dankbar, daß es uns gut geht, daß wir das tägliche Brot auf dem Tisch haben, während immer noch Millionen in anderen Erdteilen hungern. Erst wenige Jahrzehnte ist es her, als es auch bei uns Brot nur auf Marken gab, als jedem Gärtner und Bauern eingeimpft wurde, jeden Quadratmeter Boden intensiv, bis auf's äußerste zu nutzen, durch massiven Einsatz von Dünge- und Pflanzenschutzmitteln Höchsterträge herauszuholen. Und heute? Es werden Anbauflächen stillgelegt, ja sogar Prämien dafür bezahlt,

OKTOBER

um der Überproduktion Herr zu werden. Wer hätte noch vor kurzem gedacht, daß in unseren Breiten nicht die Not, sondern der Überfluß zum Problem wird?
Doch zurück zum Garten. Hier wird das Blühen merklich schwächer, doch ist es immer noch nicht zu Ende. Im leicht schattigen Bereich blühen blauer Eisenhut, rosa Anemonen und weiße Silberkerzen. An trockenen, warmen Plätzen zeigen sich die verschiedensten Gräser von ihrer schönsten Seite und auf dem Prachtstaudenbeet blühen immer noch Sonnenblumen, Sonnenhut, Herbstastern und farbenfrohe Gartenchrysanthemen. Dazwischen eingesprengt das Blau der zweiten Ritterspornblüte, das Rot der späten Phloxsorte 'Spätrot' und die leuchtendgelben kleinen Sterne des Mädchenauges mit dem klingenden botanischen Namen *Coreopsis verticillata* 'Grandiflora'.

Ziergarten

Sommerblumen
Nachtfröste machen jetzt dem sommerlangen Blühen ein Ende. Wir räumen die Beete ab und bringen alles Material samt Wurzeln auf den Kompost. Vielfach können die Pflanzen von Hand aus dem Boden gezogen werden, die Grabgabel wird nur gelegentlich benötigt. Wenn kein Häcksler vorhanden ist, werden Pflanzen mit kräftigen Stengeln (zum Beispiel Sonnenblumen) mit Hilfe von Hackstock und Beil zerkleinert, bei den meisten Sommerblumen genügt dazu die Gartenschere. Je kleiner das Material, desto rascher verrottet es und wird zu fruchtbarer Komposterde. Auch die Pflanzen aus den Balkonkästen werden kompostiert, es sei denn, man möchte Geranien (Perlargonien) und Fuchsien überwintern.

Stauden
Besonders für Frühjahrs- und Frühsommerblüher ist jetzt Pflanzzeit. Je früher sie in den Boden kommen, desto besser. Sie können dann bis zum Beginn der kalten Jahreszeit einwurzeln und werden vom Frost nicht hochgehoben. Verblühte Stauden wie Goldrute, Sommerphlox, Sonnenhut oder Herbstastern über dem Boden abschneiden und kompostieren.

Pfingstrosen in einem Blütenteppich von Kissenastern

OKTOBER

Zwischen Beetstauden den Boden lockern (Grabgabel) und Unkraut entfernen

Auf keinen Fall die Samenstände als Vogelfutter stehen lassen, da sonst minderwertige Sämlinge aufgehen und die prächtig blühenden Sorten verdrängen. Bei Wildstauden allerdings, die meist in Verbindung mit Gehölzen gepflanzt sind, lassen wir die Fruchtstände stehen; sie sehen bei Waldgeißbart, Astilben, Wiesenraute oder Silberkerzen bei Rauhreif und Schnee sehr hübsch aus. Auch die Gräser bleiben, es sei denn, sie stören. Ein Rückschnitt erfolgt erst im Frühjahr.

An einem sonnigen Tag gegen Ende des Monats wird von den Staudenbeeten alles Unkraut entfernt und der Boden mit der Grabgabel nur oberflächlich gelockert, damit keine Wurzeln und flachliegenden Blumenzwiebeln beschädigt werden. Nach dem Abschneiden der teilweise recht mächtigen Beetstauden lassen sich eingedrungene Wurzelunkräuter mit der Grabgabel verhältnismäßig leicht aus dem Boden holen. Sind sie allerdings bereits in die Wurzelstöcke der Stauden hineingewuchert, gelingt dies nicht mehr. Unter Wildstauden lediglich Unkräuter entfernen, ansonsten solche Pflanzungen in Ruhe lassen.

Blumenzwiebeln pflanzen

Dabei nicht nur an Tulpen, Narzissen und Hyazinthen denken, sondern auch an die zarten, kleinen: Winterling, Schneeglöckchen, Wildkrokus, Blausternchen, Traubenhyazinthen oder Schachbrettblumen. Besonders hübsch sieht es aus, wenn solche Kleinblumenzwiebeln unter Sträuchern und lichtem Gehölz abgesiedelt werden. Tulpen und Narzissen legen wir gruppenweise im Hintergrund von Staudenpflanzungen aus.

Wenn sie blühen, sind die Stauden noch niedrig, so daß wir sie bereits von weitem leuchten sehen. Danach wachsen die Stauden in die Höhe und verdecken das vergilbende Tulpen- und Narzissenlaub.

> Bei Wühlmausgefahr kann man Tulpen in selbstgefertigte Körbchen aus engmaschigem Hasendraht setzen oder in käufliche Blumenzwiebelkörbchen. Wühlmäuse gehen gerne an Tulpen, während Narzissen weitgehend in Ruhe gelassen werden. Wühlmäuse mit Fallen fangen, andere Methoden kosten nur Geld und nützen nicht viel.

Recht gut lassen sich Tulpen und Hyazinthen auch in Plastikschalen mit perforiertem Boden legen. Solche Pflanzgefäße kann man nach der Blüte aus dem Boden nehmen und sie bis zum Absterben der Blätter in eine wenig einsehbare Gartenecke (Kompostplatz u.ä.) stellen. Eine andere Möglichkeit: Tulpenzwiebeln sortenweise in Pflanzschalen legen, diese auf einem sonnig gelegenen Gemüsebeet oberflächlich eingraben, blühende Schalen am Hauseingang aufstellen und nach dem Abblühen bis zum Einziehen an einen abgelegenen Platz bringen. Auf diese Weise blüht es auch an einem schattig gelegenen Hauseingang an der Nord- oder Ost-

OKTOBER

seite im Frühling recht farbenfroh, ja gerade an derart schattigen, kühlen Stellen hält die Blüte lange an. Verwendet man verschiedene Sorten kann man zwei Monate lang die abgeblühte gegen eine im Aufblühen befindliche Schale austauschen. Nachdem die Plastikschalen nicht gerade zierend sind, stellt man sie in große Weidenkörbchen oder andere Übergefäße.

Rosen

Sobald das Blühen zu Ende ist, lange Triebe bei Beetrosen einheitlich auf etwa Kniehöhe zurückschneiden. Der eigentliche Schnitt erfolgt erst im nächsten Frühjahr. Gleichzeitig entfernen wir Blütenreste und abgestorbenes Holz. Mit dem Einwintern bis zum November warten. Spätestens jetzt Rosen für die Herbstpflanzung bestellen und Pflanzfläche vorbereiten. Wollen wir bereits seit längerer Zeit im Garten befindliche Rosen an eine andere Stelle verpflanzen, so ist jetzt die beste Zeit dafür. Dies sollte aber nur geschehen, wenn es wirklich nötig ist. Dabei zu lange Wurzeln einkürzen, darauf achten, daß möglichst viel Erde an den Wurzeln verbleibt und nach dem Verpflanzen kräftig einschlämmen. Ansonsten wollen Rosen in Ruhe gelassen werden.

Dahlien einwintern

Dahlien, Gladiolen, Knollenbegonien und all die anderen Knollenpflanzen mit Etiketten versehen, auf denen wir Farbe und Höhe angeben. Knollen nach den ersten Nachtfrösten aus dem Boden nehmen, abtrocknen lassen und ins Winterquartier einräumen.

Nadelgehölze

Diese und immergrüne Gehölze mit Ballen können noch gepflanzt werden. Bei kleinen Thujen oder Fichten, wie sie manchmal für Hecken verwendet werden, kann auf die teure Ballenware verzichtet werden. Vorher genügend große Pflanzlöcher oder Heckengraben ausheben und Boden verbessern.

Verblühte Beetstauden mit der Gartenschere dicht über dem Boden abschneiden

OKTOBER

Rasen
Neusaat ist zu Monatsbeginn noch möglich. Rasenflächen von Laub säubern und Blätter auf den Kompost bringen. Das Laub verrottet rascher, wenn es vorher von Regen durchfeuchtet wurde. Man kann durchaus warten, bis im November das letzte Blatt von den Bäumen gefallen ist.

Kübel- und Balkonpflanzen
Sie sollten so lange wie möglich im Freien verbleiben, da sie Temperaturen bis um den Gefrierpunkt vertragen. Also vorerst auf der Terrasse belassen. Sind besonders kalte Nächte zu befürchten, dann nahe an die Hauswand oder unter ein Vordach rücken. Geranien (Pelargonien) und Fuchsien, die aus Platzmangel nicht in den Blumenkästen überwintert werden können, jetzt eintopfen und im Freien frostgeschützt weiterwachsen lassen.

Alle Gartenabfälle (Stauden, Sommerblumen, Gemüse) zerkleinern und kompostieren

Gemüsegarten

Spätgemüse
Weiß- und Rotkohl (Blaukraut), Wirsing, Rote Rüben, Möhren, Schwarzwurzeln, Rettiche, aber auch Fenchel, Chinakohl und Zuckerhut bei Trockenheit gründlich wässern und keinesfalls früh ernten; Spätgemüse nimmt in diesen Wochen noch beachtlich an Größe und Gewicht zu.

Frostschutz
Endivie, Chinakohl und Fenchel halten durchaus einige Frostgrade aus, vor allem, wenn man sie mit Vlies oder »wachsender« Schlitzfolie überdeckt. Bei Knollenfenchel die Knollen mit trockenem Laub abdecken.

Gemüse bleichen
Außer bei Endivie empfiehlt sich dies bei Cardy und Bleichsellerie. Cardy ist eine Edeldistel ähnlich der Artischocke, allerdings werden nicht der Blütenboden, sondern die Blattstiele gegessen. Zum Bleichen binden wir die riesigen Blätter zusammen und umgeben sie mit Wellpappe oder schwarzer Folie. Wenn dies zu Monatsbeginn geschieht, kann nach 2–3 Wochen geerntet werden. Wer will, läßt dabei den Mitteltrieb stehen und umschüttet ihn mit trockenem Laub. Im nächsten Sommer entwickeln sich daraus riesige blauviolette Distelblüten, fotogen und bestens geeignet für aparte Tischgestecke, die nicht alltäglich sind.

OKTOBER

Bei Bleichsellerie umgeben wir die fast kniehohen Pflanzen mit schwarzer Folie, Packpapier, Wellpappe oder häufeln mit viel Erde an.

Bei Endivie schieben sich einige Sorten von selbst in die Höhe wenn wir sie auf nur etwa 30 cm Abstand gepflanzt haben; der Bleicheffekt tritt dann ohne unser Zutun ein. Sorten mit breitausladenden Blättern, wie die altbekannte 'Escariol' binden wir aber besser schopfartig zusammen, immer nur soviel wie wir für etwa eine Woche benötigen. Dies sollte nur bei trockenem Wetter geschehen. Man kann auch kleine Plastikkappen oder ähnliches auf die Pflanzen legen, um durch Lichtentzug die Blattschöpfe zu bleichen.

Kompostieren

Alle Gemüseabfälle, mit Ausnahme der von Kohlhernie befallenen Kohlstrünke (knollenartige Verdickungen an den Wurzeln) auf den Kompost bringen. Dabei sparrige Teile wie Tomatenstengel oder Bohnenkraut vorher mit der Gartenschere in nur handlange oder noch kürzere Stücke schneiden und beim Aufsetzen mit mehr wasserhaltigen Pflanzenteilen wie Zwiebelschlotten, Kohl-, und Salatblätter mischen.

Tomaten

Vor einem stärkeren Nachtfrost alle Früchte abnehmen, in flache Steigen legen und zum Nachreifen in die Wohnung bringen. Dort bekommen die Früchte rote Farbe und lassen sich oft bis Weihnachten verwerten. Allmählich werden sie zwar etwas weich, eignen sich nicht mehr zum Essen aber vorzüglich für eine Tomatensuppe.

Kürbis, Zucchini

Auch hier Früchte vor dem ersten Nachtfrost abernten oder nachdem die Blätter in einer Frostnacht erfroren sind, die Früchte in die Wohnung oder Hütte bringen. In einem kühlen, frostfreien Raum lassen sie sich noch einige Wochen aufbewahren. Bei Zucchini ist dies sogar bis in den Januar hinein möglich.

Spätgemüse wie Fenchel nehmen bis Ende Oktober an Gewicht zu

Winterkopfsalat

Wenn Anfang September gesät wurde, kann jetzt ausgepflanzt werden. Dies erfolgt am besten in Erdrillen mit 30 cm Abstand. Vielfach hat es den Anschein, die Pflanzen würden den Winter nicht überstehen. Doch im März/April, in Verbindung mit einer kleinen Düngergabe, wachsen die Pflanzen, so daß Anfang Mai zwar grobstrunkige, aber sehr ergiebige Salatköpfe geerntet werden können.

OKTOBER

Sobald die Beete abgeerntet sind, kann eine Bodenprobe entnommen werden

aufstellen. Alle zwei Wochen flüssig düngen, ähnlich wie Zimmerpflanzen während der Wachstumszeit.

Bodenuntersuchung

Wer nach starren Rezepten oder nach Gefühl düngt, arbeitet ins Blaue hinein. Vielfach sind Böden mit Phosphat und Kali überversorgt, so daß diese Nährstoffe wegbleiben können. Nur aufgrund einer Bodenuntersuchung ist es möglich, gezielt zu düngen. Deshalb sollten wir die vergleichsweise geringen Kosten nicht scheuen und alle 3–4 Jahre eine Probe an eine Bodenuntersuchungsstelle einschicken. Jetzt, nach dem Abernten der Beete ist die beste Zeit hierfür. Boden an mehreren Stellen des Gemüsegartens in Spatenstichtiefe entnehmen, eine Mischprobe herstellen und davon etwa 500 g zur Untersuchung geben.

Spätgemüse einlagern

Möhren, Rettiche, Knollensellerie, Rote Rüben, Kohlarten und Schwarzwurzeln nicht vor Ende Oktober ernten und einwintern; leichte Fröste werden gut überstanden. Alle diese Spätgemüsearten an einem trockenen Tag aus dem Boden nehmen und anschließend einwintern; am besten in eine Erdmiete oder in den ausgehobenen

Küchenkräuter

Um den Winter über frischen Schnittlauch zu haben, jetzt Ballen ausgraben, Erde ausschütteln und auf einem kleinen Haufen im Freien liegen lassen. Die Wurzelballen müssen austrocknen und durchfrieren. Sie werden erst im Dezember eingetopft und zum Treiben in der Wohnung aufgestellt. Im Gegensatz hierzu wird Petersilie für den Winter sehr sorgfältig behandelt: Pflanzen mit möglichst unbeschädigtem Erdballen ausgraben und in größere Töpfe setzen. Bei viel Licht und nicht zu warm im Zimmer

OKTOBER

Frühbeetkasten bringen. Hier ist die Haltbarkeit viel besser als in den meist zu trockenen und warmen Kellerräumen.

Sonstige Arbeiten:
Auf Beeten mit Spinat, Feldsalat, Frühlingszwiebeln und Winterkopfsalat das Unkraut entfernen und Boden oberflächlich lockern. – Abgestorbenes Spargelkraut über dem Wurzelstock abschneiden und verbrennen. – Ausdauernde Gewürzkräuter wie Schnittlauch, Zitronenmelisse und andere bei Bedarf teilen und neu aufpflanzen. Dies ist auch bei Rhabarber möglich.

Frühbeet, Gewächshaus
Nach Frostnächten folgt häufig eine Schönwetterperiode. Wenn sich in diesen oft wenigen Nächten die Temperaturen mittels Thermostat und Elektroheizung über dem Gefrierpunkt halten läßt, kann die Tomaten- und Paprikaernte vielfach bis zum Monatsende fortgesetzt werden. Auch für Endivie und Chinakohl ist solch eine kurzfristige Zusatzheizung im Gewächshaus günstig. Bei Tomaten die meisten Blätter entfernen, damit die Früchte viel Licht und Sonne bekommen. Nach dem Abräumen von Tomaten und Paprika pikieren wir auf den Gewächshausboden im Abstand von 10 × 10 cm Feldsalat. Dazu nimmt man zu dicht stehende Pflänzchen aus dem Feldsalatbeet im Freien. Auch verschiedene Kräuter wie Salatrauke (Ruca), Löffelkraut und Winterportulak können ausgesät werden.
In ein leeres Frühbeet kann man ebenfalls Feldsalat pikieren. Die Pflanzen entwickeln sich bis zum Winterbeginn sehr kräftig, es kann auch bei hoher Schneedecke geerntet werden und die Feldsalatblätter bleiben unter Glas sauber, während sie im Freien infolge der Ölheizung häufig von einem schmierigen Film überzogen sind. Weitere Frühbeetnutzung: Endivie und Zuckerhut mit möglichst ungestörtem Wurzelballen im Garten ausgraben und mit genügend weitem Abstand ins Frühbeet pflanzen. Vorher Boden gründlich anfeuchten, in den Wochen danach – wenn nötig - nur zwischen den Pflanzen gießen. Die Blätter dürfen nicht naß werden, da sie sonst rasch faulen. Bei milder Witterung viel lüften, erst bei Beginn strenger Kälte das Frühbeet mit Strohmatten oder Brettern zusätzlich abdecken. Auf diese Weise läßt sich Endivie bis Weihnachten, Zuckerhut bis in den Januar/ Februar hinein ernten.

Schwere Böden mit dem Spaten grobschollig umgraben, gut mit Humus versorgte nur lockern

OKTOBER

Obstgarten

Ernte
Spätsorten nicht zu früh ernten; jeder sonnige Tag an dem sie noch am Baum hängen, kommt ihnen zugute.

> Frostnächte mit bis zu –3 bis –5° C werden ohne Schaden überstanden; Früchte aber nicht in gefrorenem Zustand anfassen.

Obsternte an Spindelbüschen und Hochstämmen

Äpfel und Birnen sind dann pflückreif, wenn sie sich bei einer leichten Drehung samt Stiel vom Fruchtholz lösen, ohne daß dieses beschädigt wird. Der günstigste Pflücktermin ist nicht jedes Jahr gleich; er hängt vor allem von der Sommerwitterung ab. Zu früh geerntet, bleiben die Früchte grün, geschmacklos und schrumpfen nach dem Einlagern schneller. Vor der Obsternte unbedingt Leiter (Sprossen!) überprüfen; jedes Jahr ereignen sich schwere, ja tödliche Unfälle. Nur gepolsterte Pflückkörbe oder Plastikeimer verwenden; Obstkisten vorher mit Wellpappe auslegen, denn jede beschädigte Frucht beginnt rasch zu faulen und eignet sich nicht zum Lagern.

An bekannten Apfelsorten werden im Oktober geerntet 'Boskoop', 'Blenheim', 'Ananas Rtte.', 'Glockenapfel', 'Gloster', 'Golden Delicious', 'Idared', 'Jonagold' 'Schweizer Orange', 'Melrose', 'Ontario', 'Weißer Winterkalvill', 'Kaiser Wilhelm' 'Winterrambur' und 'Zuccalmaglio'. Bei Birnen sind es 'Alexander Lucas', 'Bosc's Flaschenbirne', 'Mollebusch', 'Neue Poiteau', 'Madame Verté',

OKTOBER

Obst im Lagerraum gelegentlich durchsehen und dabei faulende Früchte auslesen

'Gräfin von Paris' und 'Josephine von Mecheln'. Die beiden letztgenannten Sorten erst Ende Oktober ernten, auch 'Madame Verté' nicht vor Mitte bis Ende des Monats.

An Pflaumen reifen jetzt 'Anna Späth' und die beliebte 'Hauszwetsche'. Zum Essen kann bei der 'Hauszwetsche' ein Teil der Früchte bis in den November hinein am Baum hängen bleiben. Sie schrumpeln dann zwar, schmecken aber besonders gut.

Obstlagerung

Lagerraum vorbereiten (siehe unter September). Eingelagerte Früchte immer wieder durchsehen und faule auslesen. Ideale Lagerverhältnisse: Temperatur +3–5° C, relative Luftfeuchtigkeit 85–90%. Dies läßt sich unter häuslichen Verhältnissen kaum erreichen, deshalb sollten wir versuchen, diesen Werten möglichst nahe zu kommen. Günstig ist die Lagerung im Keller unter einem Gartenhaus oder einer Gerätehütte. Wenn kein Keller vorhanden ist, Obstkisten in die Hütte oder auf den Balkon stellen und mit Noppenfolien, alten Wolldecken und Zeitungen überdecken. So hält sich Obst wesentlich besser, als in einem zu warmen und trockenem Keller. Schäden durch Kälte sind erst bei Temperaturen unter –5–10°C zu befürchten; dann Obst in den Keller oder einen anderen kühlen Raum bringen. Gute Lagermöglichkeit besteht auch in Lichtschächten. Hier sollte man das Obst steigenweise übereinanderstellen. Sobald die Temperaturen unter –5°C absinken, eine 5 cm starke Styroporplatte auf den Rost legen oder anderen Kälteschutz.

Obstbäume pflanzen

Mit dem Laubfall, also ab Ende Oktober, können Äpfel, Birnen Pflaumen/Zwetschen und Beerensträucher gepflanzt werden. Andere, gegen Kälte empfindliche Obstarten, wie Pfirsich, Aprikose, Walnuß, Brombeeren und Kiwi pflanzt man dagegen besser im Frühjahr.

Pflanzenschutz

Gegen Frostspanner, die ab Ende Oktober zu fliegen beginnen, Leimringe um Baumstamm und Pfahl legen. Die ungeflügelten Weibchen des Schmetterlings kriechen zur Eiablage den Stamm hoch und bleiben dann kleben. Nachdem aber die Gefahr besteht, daß die Frostspannerweibchen von Vögel abgepickt werden und dabei deren Schnabel und Kehle durch den Leim verklebt, ist es besser, Wellenpappgürtel anzulegen.

NOVEMBER

Die letzten Blätter fallen

Im Garten ist es nun endgültig ruhig geworden. Doch vielleicht konnten wir ein paar Chrysanthemenstöcke durch Abdecken über die ersten Frostnächte hinwegretten, oder an einer geschützten Hauswand öffnen sich noch ein paar allerletzte Rosenblüten.

Der November ist ein Monat der Stille. Die letzten Blätter fallen von Baum und Strauch, die letzten Blüten erlöschen. Nebel, Regen und oft schon der erste Schneematsch machen den Garten trist. Auf Schritt und Tritt werden wir daran erinnert, daß alles Lebendige vergänglich ist. So ist der November der Monat des Totengedenkens und wir suchen zu Allerheiligen und Allerseelen oder am Totensonntag die Gräber lieber Verstorbener auf und schmücken sie mit Blumen und frischem Grün. Vielleicht denken wir dann darüber nach, daß wir uns nahe stehende Menschen oft lange nicht sehen, weil wir – oder sie – »keine Zeit« haben. Kommen wir dann zu ihrem Begräbnis, weil sie plötzlich und unerwartet gestorben sind, dann haben wir auf einmal die paar Stunden Zeit, über die sie sich zu Lebzeiten sicherlich gefreut hätten. Nehmen wir uns also gelegentlich Zeit, sonst könnten wir es eines Tages bedauern.

Um aber wieder auf's Gärtnern

NOVEMBER

Novemberstimmung

zu kommen: Am 11. November ist Martinstag, ein Fest für Kinder und Gänse. Allerdings mit dem Unterschied, daß die Kinder mir ihren bunten Laternen fröhlich singend durch die Straßen ziehen, während die Martinsgans im Ofenrohr bruzzelt bis sie zusammen mit Blaukraut (= Rotkohl) und Knödeln (= Klößen) auf den Tisch gebracht wird.

Doch was hat dies alles mit Garten und Gärtnern zu tun? Nun, der Hl. Martin, der im 4. Jahrhundert als Bischof von Tours an der Loire lebte, hat unter anderem auch das Kloster von Marmourtier gegründet. Die Mönche dieses Klosters haben damals, der Überlieferung nach, das Beschneiden von Weinstöcken eingeführt, wobei sie diese Kunst ihren Eseln abgeschaut hätten. So wird berichtet, daß die Langohren eines Tages aus ihrer Weide ausgebrochen und in die Weinberge gelaufen seien, wo sie Blätter und Triebe von den Weinstöcken derart radikal abgefressen hätten, daß man glaubte, nun seien sie vernichtet. Um so größer war dann die Verwunderung der Mönche, als sie im nächsten Jahr gerade von diesen Stöcken die schönsten Weintrauben ernten konnten. Vielleicht war dies auch die Geburtsstunde des Obstbaumschnittes, mit dem wir bei älteren Bäumen bereits im November beginnen können.

Ziergarten

Blumenzwiebeln legen

Soweit dies nicht bereits geschehen ist, Tulpen, Narzissen, Hyazinthen und all die vielen anderen möglichst rasch in den Boden bringen. Im allgemeinen sollte die Erddecke über der Zwiebel oder Knolle zwei-bis dreimal so stark sein wie diese. Auf Staudenflächen besser etwas tiefer pflanzen, damit zum Beispiel Tulpenzwiebeln nach dem Abblühen verbleiben können und bei der Bodenbearbeitung nicht gestört werden.

Stauden

Letzter Termin um Zweijahresblumen, vor allem Stiefmütterchen, Vergißmeinnicht, Gänseblümchen *(Bellis)* oder Goldlack an die vorgesehenen Stellen zu bringen; eventuell mit Tulpen kombinieren.

Beetstauden dicht über dem Boden abschneiden. Blühende Gartenchrysanthemen in Frostnächten schützen oder abschneiden; die Blüten halten sich wochenlang in der Vase. Einige Arten brauchen Winterschutz: Blätter der Fackellilie schopfartig zusammenbinden, Pflanze mit Laub umschütten und einige Fichtenzweige auflegen. Auch das Pampasgras muß den Winter über sehr trocken stehen, sonst fault es. Deshalb mit trockenem Laub umschütten und möglichst eine Kiste darüberstülpen. Auf Steppenlilien und Holländische

89

NOVEMBER

Anhäufeln ist der beste Winterschutz. Hier wurde Komposterde auf jede einzelne Rose geschüttet

Iris ebenfalls Laubdecke aufbringen und mit ein paar Fichtenzweigen abdecken, damit das Laub nicht fortgeweht wird.

Wintergrüne Steingartenpflanzen locker mit Fichtenzweigen abdecken, damit ihnen der Wechsel von Wintersonne und Kälte nicht schadet. Im Gebirge haben sie Schutz durch Schnee. Wasserpflanzen wie zum Beispiel Seerosen benötigen keinen Schutz, wenn das Becken tief genug ist. Auch Fische können im Gartenteich bleiben, wenn ein Teil 80–90 cm tief ist. Flache Wasserbecken dagegen entleeren und Seerosen kniehoch mit Laub überschütten.

Laubgehölze pflanzen

Dies ist den ganzen November und Winter hindurch möglich, solange der Boden offen ist. Das gleiche gilt für freiwachsende Ziersträucher, Laub-Hecken (Hainbuche, Liguster und andere), Windschutz- und Vogelschutzpflanzungen. Wenn Bäume und Sträucher bei der Neuanlage des Gartens zu eng gepflanzt wurden, können sie jetzt mit möglichst viel Wurzelwerk an eine andere Stelle versetzt werden. Um die Wurzeln herum Komposterde oder Rindenhumus geben, kräftig einschlämmen und gegen Wind sichern (Pfähle u.ä.).

Rosen

Jetzt ist günstige Pflanzzeit. Bei vorhandenen Beetrosen, überlange störende Triebe bis auf Kniehöhe einkürzen, der endgültige Schnitt erfolgt erst im Frühjahr. Beetrosen anhäufeln, dabei aber die Wurzeln nicht freilegen; die einzelnen Stöcke etwa handhoch mit Komposterde bedecken; 1 Eimer reicht für 2–3 Pflanzen. Kletterrosen ebenfalls anhäufeln und locker mit Fichtenzweigen abdecken. Die Kronen von Hochstämmchen und Trauerrosen herunterbiegen, mit Haken, Astgabeln am Boden befestigen und mit Erde bedecken. Vorher Triebe entblättern. Wenn ein Herunterlegen bei starken Stämmen

NOVEMBER

nicht mehr möglich ist, die Kronen mit lockerem Material wie kurzgeschnittene Fichtenzweige, Holzwolle, Styroporwolle oder kurzem Stroh füllen und außen mit Fichtenzweigen zupacken.

Fallaub zusammenrechen

Man kann damit zuwarten bis die letzten Blätter von den Bäumen gefallen sind. Durch Regen und Herbstnebel ist das Laub gegen Ende November genügend durchfeuchtet, es läßt sich leichter zusammenrechen und verrottet verhältnismäßig rasch gegenüber Laub, das völlig trocken auf den Komposthausen gebracht wird. Lediglich für den Winterschutz von Stauden sollte das Laub trocken sein. Laub nur vom Rasen und von Wegen entfernen, zwischen Wildstauden und unter Gehölzen aber unbedingt liegen und dort verrotten lassen. Laub das nicht kompostiert werden soll, zusätzlich zwischen Wildstauden und Gehölzen aufbringen.

Rasen

Ein letztesmal schneiden; kurzgeschoren überwintert er am besten. Wenn das Laub noch liegt, wird es vom Mäher mit zerhäckselt und kann zusammen mit dem Gras in einem Arbeitsgang zusammengerecht werden. Die Mischung von feuchtem Gras und etwas trockenem Laub verrottet außerdem vorzüglich.

Kletterrosen abdecken als Schutz gegen Sonne und Wind

Weitere Arbeiten:

Rhododendren locker mit Fichtenzweigen gegen winterliche Sonne und austrocknende Winde schützen, soweit diese nicht weitgehend im Schatten von Gehölzen stehen. – Nadelgehölze und andere Immergrüne vor Wintereintritt nochmals gründlich wässern, es sei denn, der Boden ist durch Regen feucht genug. – Kübelpflanzen dicht an die Hauswand heranrücken oder unter die Überdachung der Terrasse stellen. Erst bei anhaltender Frostgefahr ins kühle, aber frostfreie und möglichst helle Winterquartier bringen.

NOVEMBER

Gemüsegarten

Spätgemüse
Soweit noch nicht geschehen, abernten und einlagern wie im Oktober beschrieben. Grünkohl verbleibt im Garten; die Blätter schmecken erst nach den ersten Frösten. Geerntet wird den ganzen Winter über; die untersten Blätter zuerst, weil sie als erste gelb zu werden beginnen. Rosenkohl ist empfindlicher, deshalb die Pflanzen zusammen mit Porree an geschützter Stelle (zum Beispiel Nordseite der Hauswand) einschlagen.

In einer Erdmiete hält sich Spätgemüse bis in den April hinein frisch

Chicorée
Wurzeln (Rüben) zu Monatsbeginn aus dem Boden nehmen und nach entsprechender Vorbereitung in Eimern und anderen Gefäßen zum Treiben aufstellen. Löwenzahnwurzeln gegen Monatsende ernten, in Behälter pflanzen und im Heizungskeller dunkel aufstellen. Bei +15–18°C bilden sich nach vier Wochen die pikanten gelblich-weißen Blätter.

Bodenbearbeitung
Schwere, zähe Böden mit dem Spaten grobschollig umgraben, vor allem bei neu angelegten Gärten. So kann der Frost einwirken und die Schollen sprengen. Die Erde wird dann fein und krümmelig. Ist der Boden dagegen schon lange in Kultur, also locker, und wurde die oberste Schicht in zurückliegenden Jahren reichlich mit Kompost versorgt, so sollte man nur mit dem Sauzahn oder der Grabgabel lockern, indem wir in geringen Abständen einstechen und die Grabgabel etwas hin- und herbewegen. So entstehen Risse, durch die der Frost ebenfalls einwirken kann; die besonders lebendige obere Schicht bleibt aber oben, das Bodenleben wird weniger gestört.

Chicoréewurzeln mit gelblich-weißen Blattzapfen

NOVEMBER

Gründüngung

In kalten Nächten ist die im Herbst ausgesäte Gründüngermischung erfroren. Wir können die restliche Pflanzenmasse flach eingraben oder aber unberührt als Bodendecke belassen, im Frühjahr mit dem Rechen wegziehen und kompostieren. Eine wintergrüne Bodendecke verbleibt, wenn winterharter Raps oder Roggen ausgesät wurde; beide erfrieren nicht. Roggen keimt sehr rasch und kann bis kurz vor dem Frost ausgesät werden. Die Pflanzen gräbt man im Frühjahr unter.

Weitere Arbeiten:

Bodenprobe entnehmen und an Untersuchungsanstalt einsenden (siehe Oktober). – Wintersalat und Frühlingszwiebeln locker mit Fichtenreisig abdecken; auch für Spinat und Feldsalat vorsorglich Deckreisig bereithalten. – Petersilienwurzeln ausgraben, das Laub bis auf die Herzblätter wegschneiden und die Wurzeln in große Töpfe pflanzen. Ans Fenster gestellt, mäßig warm und feucht gehalten, treiben die Wurzeln bald aus. Ebenso Schnittlauch (siehe Oktober) für das Antreiben im Winter vorbereiten.

Obstgarten

Obstbäume und Beerensträucher pflanzen

Für Apfel, Birne, Pflaume/Zwetsche, Johannis- und Stachelbeeren ist jetzt die beste Pflanzzeit. Die Wurzelbildung erfolgt, solange die Bodentemperatur über +5 °C liegt. Im Spätherbst gepflanzte Bäume und Sträucher haben einen merklichen Wachstumsvorsprung gegenüber einer Frühjahrspflanzung. Vor der Pflanzung den Boden gründlich vorbereiten: für Halb- und Hochstämme Pflanzgruben ausheben, für Spindelbüsche, Obsthecken und Beerensträucher genügend breite Pflanzstreifen bearbeiten.

Für einige Obstarten und Beerensträucher ist jetzt die beste Pflanzzeit

Obstbäume schneiden

Wir beginnen mit dem Auslichten und Verjüngen älterer Bäume. Nur an Süßkirschen, Pfirsich, Aprikose und eventuell Walnuß führt man solch grobe Schnittarbeiten besser während des Sommers durch. Auf standsichere Leitern achten. Die Arbeiten bei Temperaturen unter -5°C vorübergehend einstellen.

Bodenbearbeitung

Unter Spindelbüschen und Beerensträuchern den Boden mit der Grabgabel nur flach lockern und Unkraut entfernen. Keinesfalls Spaten verwenden, weil sonst die feinen flachstreifenden Faserwurzeln abgestochen würden. Mulchmaterial wegen Gefahr von Mäusefraß in unmittelbarer Umgebung der Baumstämme wegnehmen.

Weitere Arbeiten:

Der Obstlagerraum soll möglichst tiefe Temperaturen aufweisen, 3–5°C wären ideal. Deshalb während der Nacht und an kühlen Tagen Fenster und Türen öffnen. Eingelagerte Früchte kontrollieren, ob sie gesund sind. – Zäune überprüfen bzw. Drahthosen o.ä. gegen Hasenfraß an den Bäumen anbringen. – Wühlmäuse mit Fallen fangen. – Brombeerranken auf den Boden herunterlegen und mit Stroh oder Fichtenzweigen abdecken oder Rohrmatten davorstellen als Schutz gegen Wintersonne und kalten Ostwind, der die Triebe austrocknen würde.

DEZEMBER

Der Garten ruht

Zwar gibt es auch im Dezember noch einige Arbeiten zu erledigen, aber im allgemeinen beginnt jetzt die stille Zeit. Freuen wir uns darauf, denn als Ausgleich zur Gartenarbeit brauchen wir eine schöpferische Pause, Zeit für andere Dinge oder um einfach auszuruhen. Ob es Ihnen ähnlich ergeht wie mir: Nach einem arbeitsreichen Frühjahr, einem farbenfrohen Sommer und der milden Wärme herbstlicher Tage freue ich mich jedes Jahr von neuem auf die erste Frostnacht, in der alles Blühen aufhört. Zu jedem Anfang gehört auch ein Ende. Gerade der Wechsel der Jahreszeiten ist in unseren Breiten ja so überaus reizvoll und im Garten würde Langeweile aufkommen, wenn das Blühen kein Ende nähme, nach der Erfahrung: Was man immer um sich hat, schätzt man meist nicht. Doch weil eben das Wort »Langeweile« gefallen ist: Unser Garten ist nicht einmal im Dezember und in den anderen Wintermonaten langweilig. Im lichten Schatten beginnt jetzt die Christrose zu blühen, bescheiden zwar im Aussehen, doch edel in der Form. Erstaunlich jedenfalls, daß dieser Pflanze selbst Eis und Schnee nichts anhaben können. Dem Winter zum Trotz ist die Christrose ein Zeichen der Hoffnung: die längste Nacht ist bald vorbei, das Licht wird die Finsternis besiegen.

Doch auch Baum und Strauch sind in diesen Wochen nicht ohne Reiz, im Gegenteil, gerade im winterlichen Garten kommt die graphische Wirkung ihrer Äste und Zweige so richtig zur Geltung. Und wenn dann noch Schnee oder Rauhreif auf den Laub- und Nadelgehölzen liegen, wird unser Garten zu einer Märchenlandschaft, zu einer zauberhaften, stillen Welt im Kleinen.

Freuen wir uns also auf die Stille im Dezembergarten und auf Weihnachten. Vielleicht liegt auf dem Gabentisch ein Gartenbuch, in dem wir Tips für die Gestaltung romantischer Ecken finden, damit der Garten zum gern aufgesuchten Wohnraum

DEZEMBER

im Freien wird. Auch über das Jahresabbonement einer Gartenzeitschrift würden wir uns sicherlich freuen oder über Zubehör, das wir uns wegen des hohen Preises selbst nicht kaufen. Ich denke da an eine feuerverzinkte formschöne »Schneider«-Kanne, eine Astschere mit formschönen Holzgriffen, eine solide Gartenschere mit der das Schneiden von Obstbäumen Spaß macht, an ein praktisches selbstlüftbares Frühbeetfenster und ähnliches. Jedenfalls, es ist leicht, einen Hobbygärtner zu beschenken.

Und wenn dann all die Feiertage vorbei sind, dauert es ohnehin nicht mehr allzulange, bis es uns wieder in den Fingern zu kribbeln beginnt, weil wir das neue Gartenjahr kaum erwarten können.

Ziergarten

Winterschutz bei Gehölzen
Bei einzelstehenden Rhododendren rundherum längere Fichtenzweige in die Erde stecken und Pflanzen auch oben gegen Wintersonne schützen. In Gegenden mit viel Schnee ist es ratsam, Rhododendren, Stechpalme *(Ilex)* und andere empfindlichere immergrüne Gehölze mit einem Gestell aus Pflöcken und Latten zu umgeben, an dem Fichtenzweige leicht befestigt werden oder aber das Gestell mit Schattenleinen (Rupfen, Jute) zu umspannen. Oben und unten sollte solch ein Schutz nicht dicht abschließen, damit die Luft zirkulieren kann. Es kommt nicht darauf an, die Pflanzen gegen Kälte zu schützen, sondern gegen Wind und Wintersonne.
Gehölze, die allzuleicht durch Schnee auseinandergedrückt werden, wie Säulenwacholder, Eiben, Thujen u.a. mit Schnüren locker zusammenbinden. Wertvolle Gehölze in Hausnähe, die durch Schneelawinen gefährdet sind, mit einem zeltartigen Lattengestell überbauen. Laub- und Nadelgehölze bei starkem Schneefall abschütteln, um Astbruch zu vermeiden. Vor allem bei nassem, schwerem Schnee kommt es häufig zu Astbruch.

Selbst bei Eis und Schnee ist ein kleiner Teich das »i-Tüpfelchen« im Garten

DEZEMBER

> 🪣 Schutz vor Streusalz: Thujen und andere wintergrüne Hecken entlang stark befahrener Straßen leiden, wenn im Winter Streusalz verwendet wird. Vorbeugend längs der Straßenseite Rohrmatten davorstellen, um die Pflanzen vor spritzendem Schneewasser zu schützen, das mit Salz vermischt ist.

Gehölze verpflanzen
Bäume und Sträucher, die sich zu dicht neben Nadelgehölzen befinden, mit Ballen ausgraben und an andere Stellen bringen; sonst verkahlen die Nadelgehölze von unten her. Aber auch wertvolle Laubgehölze sollten freigestellt werden, damit sie zur Wirkung kommen.

Gießwasserbecken entleeren
Anschließend mit Brettern oder Folie abdecken, damit das Becken innen trocken bleibt. Eine andere Möglichkeit: kräftige Vierkant- oder Rundhölzer ins Wasser stellen; der Druck, der beim Gefrieren des Wassers entsteht, wirkt dann auf das Holz, die Betonwandungen bleiben unbeschädigt. Außerdem: Gartenwasserleitungen entleeren, ebenso Schläuche, und trocken aufbewahren. Gießkannen in die Gerätehütte bringen.

Weitere Arbeiten:
An Winterschutz bei Rosen denken, wenn nicht im November erledigt. – An milden Tagen Unkraut entfernen und Schneckeneier unter Brettern und anderen Verstecken beseitigen. – Barbarazweige schneiden. – Rasenmäher einwintern. Hecken verjüngen (siehe Januar).

Winterschutz bei Rhododendron. Unten: Wasserbecken entleeren oder Hölzer hineinstellen

Gemüsegarten

Winterschutz
Artischocken mit Laub oder Stallmist umgeben. Winterkopfsalat und Frühlingszwiebeln bei Barfrostgefahr (Kälte ohne Schneedecke) mit Fichtenzweigen locker abdecken; auch bei Feldsalat und Spinat Fichtenzweige zum Abdecken bereitlegen.

Grünkohl, Rosenkohl
Grünkohl schmeckt erst, wenn er Frost bekommen hat. Von Rosenkohl die Röschen abernten und in die Gefriertruhe geben oder aber Pflanzen in Hausnähe (Nordseite) geschützt einschlagen; dabei die überhängenden Blätter nicht beseitigen.

Schnittlauch
Wenn noch nicht geschehen, Schnittlauchstöcke ausgraben, Wurzelballen ausschütteln und im Freien bei Frost mehrere Tage oder auch Wochen liegen lassen. Dann mit ganz wenig

DEZEMBER

Schnittlauchstöcke am Fenster aufgestellt, liefern rasch das begehrte Grün

Erde eintopfen und nacheinander am Zimmerfenster zum Treiben aufstellen; dabei feucht halten.

Gemüselagerung
Frühbeet lüften, sofern die Witterung dies gestattet (frostfrei). Wenn sich Endivie und Zuckerhut im Frühbeet befinden, zu Monatsbeginn nochmals vorsichtig zwischen den Pflanzen gießen, sofern die Erde nicht ohnehin genügend feucht ist. Eventuell Gemüsemiete bei milder Witterung öffnen, Bedarf für einige Wochen entnehmen; anschließend Miete schließen. Wenn es kälter wird, zusätzlich Erde aufbringen.

Weitere Arbeiten:
Kompostplatz und Gerätehütte aufräumen. – Gartengeräte säubern und einwintern. – Sämereien aus der Gartenhütte in die Wohnung bringen (Mäuse!).

Obstgarten

Obstbäume auslichten
Außerdem Bäume, die zu kleine Früchte bringen, verjüngen oder wenn die Sorte nicht entspricht, Krone zum Umveredeln im Frühjahr abwerfen. Erst kräftig auslichten, dann die verbleibenden Äste einkürzen.

Geräte einwintern
Spritzgerät in einen frostfreien, trockenen Raum bringen. Holzleitern trocken aufbewahren, Sprossen überprüfen und wenn nötig ausbessern. Pflanzenschutzmittel den Winter über frostfrei und gut gesichert lagern (Kinder!).

Vogelschutz
Mit der Winterfütterung der Vögel beginnen, damit sich diese an den Futterplatz gewöhnen. Am besten hängende Futterhäuschen (Katzen!) verwenden. Soweit noch nicht geschehen, Nistkästen gründlich reinigen; altes Nest herausnehmen und Kästen wieder aufhängen.

Weitere Arbeiten:
Lagerraum bei frostfreiem Wetter lüften, bei trockener Luft den Boden mit Wasser besprengen. – Pfähle bei Spindelbüschen und Beerenobst-Hochstämmchen überprüfen; abgefaulte Pfähle durch neue ersetzen. – Boden um die Obststämme herum von Mulchmaterial freihalten (Mäusefraß!). – Wildschutz überprüfen.

Register

A
Anbauplan 8, 12
Angießen 24
Anhäufeln 40, 58
Anzuchtbeet 47
Apfelwickler 60
Aubergine 18
Ausläufer 41, 50, 60
Auslichten 20, 93
Aussaat 19, 27, 37
-erde 16
Azalee 33

B
Balkonpflanze 7, 37, 64, 82
Barbarazweig 7, 96
Barfrost 96
Basilikum 28
Baumscheibe 30
Beerenobst 41
Beerenobst-Hochstämmchen 97
Beerenstrauch 9, 40, 59, 93
-, auslichten 69
-, pflanzen 21, 93
-, schneiden 13
Beet, vorbereiten 27
Beetstaude 16, 35, 80, 89
Bellis 53, 71, 89
Birnengitterrost 51
Blattfallkrankheit 51
Blattlaus 41
Blattlausbefall 44
Blumenwiese 17, 36, 46, 54
Blumenzwiebel 36, 46, 80
-, legen 71, 89
Boden 19, 48, 85
-abdeckung 54
-bearbeitung 92, 93
-decker 35
-müdigkeit 11
-probe 93
-untersuchung 21, 84
-wärme 16

Bohnenfliege 38
-kraut 28
Brombeere 61, 69, 77

C
Container 17, 25, 35, 44

D
Dahlie 7, 34
-, einwintern 81
Dauerunkräuter 72
Dill 27
Düngemittel 17, 21
Düngen 35, 41, 48, 54, 61, 63, 72

E
Edelreis 49
Edelreiser 9
Einjahresblume, auspflanzen 34
Einschlagplatz 24
Eintopfen 29
Einwintern 81
Eisfreihalter 8
Entgeizen 58
Erdbeere 41, 50, 60, 77
-, pflanzen 69
Erdmiete 84
Ernteverfrühung 19, 28, 30
Erziehungsschnitt 20

F
Fallobst 76
Faserwurzel 24, 93
Feldblume 25
Fichte 64, 72, 81
Fleischbräune 76
Folie 39
-, wachsende 18, 30, 60, 82
Folientunnel 18
Freilandsaatbeet 29, 40
Frost 91
-platte 21
-riß 21
Frostschaden 13, 31
-schutz 21, 28, 40, 82
-spanner 87

Früchte, ausdünnen 49
Fruchtholz 50
-mumie 9
-stand 80
-wechsel 8
Frühbeet 8, 12, 16, 25, 34, 38, 67, 74, 85, 97
Frühbeetkasten 18
-nutzung 39
Frühkartoffel 19, 30
Frühlingsblüher 10
Fuchsie 7, 82
Fungizid 41, 51

G
Gänseblümchen 53, 71, 89
Gartengerät 8, 97
Gartenteich 8, 26
Gehölz, pflanzen 16
-, verpflanzen 96
Geiztrieb 51, 61, 66
Gemüsearten, wärmeliebende 37
Gemüsefliegennetz 38
Gemüselagerung 97
-miete 97
Geranie 7, 64, 82
Gerät, einwintern 97
Gerätehütte 6
Geschein 50, 61
Gewächshaus 16, 34, 38, 39, 48, 57, 67, 74, 85
Gewürzkräuter 8, 85
-pflanze 39
Gießen 18, 40, 46, 50
Gießwasserbecken 96
Gladiole, legen 26
Glashaus 25
Grauschimmel 50
Grunddüngung 27
Gründüngung 66, 93
Grünspargel 30
Gummifluß 60
Gurke 39, 48, 57, 65

H
Häckseln 72
Halbstamm 20
Harzfluß 60
Hasenfraß 93
Hecke 7, 8, 11, 90, 96
-, pflanzen 24

-, schneiden 45
Himbeere 61, 69, 77
Hochstamm 20

I
Insektenmittel 41, 44
Insektenschutznetz 28

J
Johannisbeerstrauch 13, 21, 51, 69
Jungbaum 59
Junifruchtfall 50

K
Kalkanstrich 21
Kalken 9
Kartoffel 30
Keimblätter 19
Keimprobe 8, 12
Kerbel 27
Kirschernte 50
Kirschfruchtfliege 50
Kleinblumenzwiebel 11, 14, 46, 71, 80
Kleingewächshaus 18
Knollenbegonie 7, 17
Knollengewächs 34
Knospenfraß 13
Kohlweißlingsraupe 67
Kompost 35, 54, 64, 72, 76, 79, 92, 97
-erde 24, 72, 90
Kompostieren 79, 83
Konifere 24
Kopfdüngung 48, 58, 66, 67
Krail 27
Krautfäule 66
Krebswunde 31
Kübelpflanze 7, 26, 37, 82, 91
Küchengewürze 37
Küchenkräuter 84
-, aussäen 27
Kultivator 27

L
Lagerkrankheit 77
-raum 97
Lagerschorf 77
Langzeitdünger 35, 54
Laub 82, 91

REGISTER

Laubgehölz 11, 24, 72, 96
–, pflanzen 90
Laubgehölzhecke 45
Leitast 30
Lilie, pflanzen 17
Lochfolie 19
Lockern 48, 85
Lüften 18

M
Majoran 28
Maus 93, 97
Mehltau 43, 51
Monatserdbeere 69
Mulchen 31, 40, 54, 58, 61
Mulchfolie 39
Multitopfplatte 46

N
Nachtfrost 79
Nachtfrostgefahr 74
Nadelgehölz 24, 64, 72, 81, 91, 96
–, pflanzen 33
–, schneiden 64
Nadelgehölzhecke 72
Narzisse 46, 54, 71, 80, 89
Nitratanreicherung 67
Nützling 41, 48, 58

O
Obstbaum, auslichten 9, 97
–, düngen 21
–, pflanzen 20, 87, 93
–, schneiden 9, 13, 93
Obstbaumschnitt 20, 59
-kurs 6
Obsternte 61, 68, 76, 86
-hecke 93
-lager 9
-lagerraum 93
-lagerung 76, 87
Okulation 68

P
Paprika 18, 29, 39, 47
Pelargonie 64, 82
Petersilie 19, 27, 66, 84, 93
Pfirsich 68
Pfirsichbaum, schneiden 31

Pflanzen 28, 39, 40, 57, 66
-anzucht 29
-schutz 41, 51, 77, 87
-schutzmittel 97
-stütze 35, 44
Pflanzgrube 20, 93
-schale 80
-schnitt 30
Pflanzung 27
Pflaumenrost 41
Pfropfen 31
Pikieren 16, 18, 29, 63, 75, 85
Pikierkistchen 25
Pilzbekämpfung 31
Pilzbekämpfungsmittel 41, 51, 77
Pilzkrankheit 18, 43, 61, 64
Pinzieren 50
Prachtstauden-
pflanzung 33

R
Rasen 17, 54, 64, 72, 82, 91
–, ansäen 36
–, düngen 26
–, pflegen 36, 45
Rasenmäher 8, 11, 96
Rasenschnitt 31
Reiser 31
Rhabarber 12, 48, 85
Rhododendron 24, 64, 72, 91
–, düngen 33
Rieseln 41
Rindenhumus 24, 54, 64, 72, 90
Rose 11, 24, 43, 64, 81, 90
–, pflanzen 15
–, pflegen 15, 33

S
Saatbeet 40, 46, 57, 66
Saatbeetkistchen 25
Säen 40, 56, 65, 73
Samenansatz 33, 54
-stand 44
Sämereien 97

Sauerkirsche, schneiden 68
Schädling 28, 58
Schattenmorelle 69
Schlingpflanze, anbinden 36
Schlitzfolie 18, 28
Schnecke 34, 54, 76, 96
Schnittlauch 8, 27, 84, 93, 96
Schorf 31, 41
Schrotschußkrankheit 41
Sommerblume 45, 54, 63, 79
–, abräumen 71
–, aussäen 16, 25
Sommerschnitt 59, 60
Sommerveredlung 60
Spalierbaum 20, 40, 76
–, entspitzen 50
Spalierobst 68
-rebe 61
Spargel 30, 48
Spätgemüse 82, 84, 92
Spindelbusch 20, 40, 49, 59, 93, 97
Spinnmilbe 48, 58
Stachelbeerstrauch 13, 21, 51, 69
Staude 10, 11, 44, 54, 63, 79, 89
–, pflanzen 16, 25, 35, 72, 79
Staudenbeet 80
-pflanzung 44
Steingartenpflanze 90
Sternrußtau 33, 43, 64
Stickstoff 31
Stickstoffdünger 17, 54
Stiefmütterchen 45, 53, 63, 71, 89
Stockausschlag 49
Süßkirsche 68
–, schneiden 60

T
Temperaturschwankung 39
Thuje 64, 72, 81
Tomate 18, 29, 39, 47, 58, 66, 67, 73, 83
Tulpe 17, 46, 53, 71, 80, 89

U
Überwinterungsraum 26
Umveredlung 9
–, nachbehandeln 49
Unkraut 35, 46, 48, 55, 72, 76, 80, 85, 96

V
Veredeln 31, 68, 97
Vereinzeln 48
Vergißmeinnicht 53, 71, 89
Verjüngen 20, 93
Vlies 18, 28, 82
Vogelfraß 77
Vogelfutter 79
Vogelmiere 73
Vogelschutz 97
Volldünger 48, 61

W
Wandspalier 59
Wasserbecken 8
Wässern 46, 59, 91
Weinrebe 50
–, schneiden 21
Weinstock 77
Weiße Fliege 58
Wellenpappgürtel 87
Wildschaden 9
-schutz 97
-staude 35, 80, 91
-trieb 49
-verbiß 31
Winterfütterung 8, 97
-schutz 24, 96
Wühlmaus 80, 93
Wundbehandlung 31
Wundverschlußmittel 31
Wurzelaustrieb 49
-ballen 24, 45

Z
Ziergehölz 24
-gras 16
-strauch 7, 11, 90
Zuckermelone 39, 57
Zweigmonilia 41
Zweijahresblume 63, 71, 89
–, aussäen 45, 53
Zwergkoniferen 33

99

Vom selben Autor bereits erschienen:

Martin Stangl
Stauden im Garten
Auswahl, Pflanzung, Pflege und Vermehrung; Sonnen-, Schatten- und Prachtstauden, Polster- und Steingartenstauden, Gräser; Arbeitskalender und beispielhafte Pflanzpläne.

Martin Stangl
Freude und Erfolg im eigenen Obstgarten
Erfolgreicher Anbau von Kern-, Stein- und Beerenobst sowie von Nüssen: allgemeines Praxiswissen wie z.B. über Schnitt und Veredelung, spezielle Anleitungen für die einzelnen Arten.

Martin Stangl
Martin Stangl's großer Garten-Ratgeber
Alle Themen rund um den Garten – praxisgerecht aufbereitet und leicht verständlich beschrieben: Planung, Anlage, Geräte, Blumen, Gehölze, Gemüse, Düngung, Pflanzenschutz und vieles mehr. Mit Arbeitskalender.

Martin Stangl
Tips und Tricks für Hobbygärtner
Das Geheimnis des gärtnerischen Erfolgs: Tips, Tricks und Kniffe für die Praxis – besonders anschaulich und leicht nachvollziehbar dargestellt; Arbeiten im Gemüse-, Obst- und Ziergarten; Geräte, Technik, Zubehör.

Martin Stangl
Obstbäume schneiden und veredeln
Die wichtigsten Grundlagen des Obstbaumschnitts praxisgerecht und leicht verständlich beschrieben; Gesetzmäßigkeiten des Schnitts; Äste und Zweige; Schnittwerkzeuge; Veredelung.

Im BLV Verlag finden Sie Bücher zu folgenden Themen: Garten und Zimmerpflanzen • Natur • Heimtiere • Jagd • Angeln • Pferde und Reiten • Sport und Fitneß • Tauchen • Reise • Wandern, Bergsteigen, Alpinismus • Essen und Trinken • Gesundheit, Wohlbefinden, Medizin

---

 *Wenn Sie ausführliche Informationen wünschen, schreiben Sie bitte an:*
**BLV Verlagsgesellschaft mbH • Postfach 40 03 20 • 80703 München
Telefon 089/12705-0 • Telefax 089/12705-543**